国家级职业教育规划教材
全国职业院校汽车类专业新形态工作手册式教材
全国技工院校汽车类专业工学一体化教材

汽车认识实训

中德诺浩汽车职业教育研究院　组织编写
主编　吕丕华

中国劳动社会保障出版社

内容简介

本书是全国职业院校汽车类专业新形态工作手册式教材 / 全国技工院校汽车类专业工学一体化教材，由中德诺浩汽车职业教育研究院组织开发。全书共包含 4 个学习情境、12 个学习任务，内容涵盖汽车整车认识，曲柄连杆机构认识，配气机构认识，进气、排气系统和润滑、冷却系统认识，燃油供给系统、点火系统和起动系统认识，发动机两大机构、五大系统认识知识检验，传动系统、转向系统认识，行驶系统、制动系统认识，汽车底盘认识知识检验，汽车电器设备认识，车身附件认识，汽车电器设备、车身附件认识知识检验等内容。

本书可作为全国职业院校与技工院校汽车类专业教学用书，也可作为汽车售后服务企业相关技术人员与社会人士培训参考用书。

本套教材由吕丕华主编，本书由赵彦斌负责编写。

图书在版编目（CIP）数据

汽车认识实训 / 吕丕华主编. -- 北京：中国劳动社会保障出版社，2022

全国职业院校汽车类专业新形态工作手册式教材　全国技工院校汽车类专业工学一体化教材

ISBN 978-7-5167-5708-6

Ⅰ. ①汽…　Ⅱ. ①吕…　Ⅲ. ①汽车－职业教育－教材　Ⅳ. ①U46

中国版本图书馆 CIP 数据核字（2022）第 217670 号

中国劳动社会保障出版社出版发行

（北京市惠新东街 1 号　邮政编码：100029）

*

北京市白帆印务有限公司印刷装订　　新华书店经销

880 毫米 ×1230 毫米　16 开本　10 印张　244 千字

2022 年 12 月第 1 版　　2025 年 7 月第 3 次印刷

定价：32.00 元

营销中心电话：400-606-6496

出版社网址：http://www.class.com.cn

http://jg.class.com.cn

当前，我国正在加快实施“中国制造 2025”计划，处于由制造大国向制造强国、由人力资源大国向人力资源强国发展的重要时期，党和国家为此制定了一系列科教兴国、人才强国的战略措施。

在人才队伍中，工作在生产一线的技能型人才是重要基础。高素质技能型人才队伍是推动经济社会发展的重要保障，职业教育是培养高素质技能型人才的主要渠道。尽管世界各国国情不同，发展职业教育的条件、政策和具体措施各异，但无论发达国家还是新兴工业化国家，均普遍重视职业教育在培养高素质技能型人才中的重要作用，把发展职业教育作为人力资源开发、振兴经济、增强国力的战略选择。

德国的职业教育水平处于世界领先地位。德国经济在世界金融危机中之所以依然稳健发展，与其因职业教育发达而拥有大量的高素质技能型人才是分不开的。完备的法律制度和各方面的高度重视，为德国的职业教育发展提供了有力保障。德国的双元制职业教育制度将劳动人事制度与教育制度有机地结合在一起。学校和企业都是培养人才的主体，并承担相应责任，学校和企业的教学计划、形式和内容虽各有侧重，但又相互联系，且均以工作任务为教学载体，将技能学习和训练、理论学习和运用有机结合，充分发挥学生在教学中的主体作用，着力培养学生承担社会责任的能力、独立发现和解决问题的能力、在实践中自主学习的能力。

改革开放以来，我国在借鉴国外先进职业教育经验方面取得了可喜成就。我国职业教育的对外交流与合作就是从借鉴和学习德国经验开始的，中德诺浩（北京）教育投资股份有限公司为此做了积极而有效的探索。

长期以来，该公司致力于引进德国的汽车职业教育资源，与德国手工业协会合作，在国内与以德国品牌为主的汽车合资企业和各类职业院校共同开展教育工作。经过多年的探索，结合我国国情，该公司成功地

引进德国汽车职业教育的课程体系、教学素材和教学方法，并结合互联网手段进行了全方位本土化，在此基础上与300多所职业院校联手，为我国汽车维修企业培养了大批优秀人才。与此同时，该公司组织中德两国的汽车技术专家、经验丰富的维修技师和职业教育专家，共同编写了职业院校汽车类专业新形态工作手册式教材。这套教材以培养高技能人才为目标，内容选自实际操作，既“原汁原味”地吸纳了德国经验，又结合我国实际情况充实了教学内容，推动我国汽车维修技能型人才的培养与世界接轨。我期待其在我国培养国际标准汽车高技能人才方面发挥出重要作用，在中国由汽车大国向汽车强国迈进的征程中做出应有的贡献。

唐天标

（本序作者系第十一届全国人大常委会委员、第十一届全国人大教科文卫委员会副主任委员，原中国人民解放军总政治部副主任，上将军衔）

前言

职业教育是国民教育体系和人力资源开发的重要组成部分，肩负着培养多样化人才、传承技术技能、促进就业创业的重要职责。随着新型工业化的推进和科学技术的发展，现代职业教育体系越来越成为国家竞争力的重要支撑。为贯彻落实全国职业教育大会精神，推动现代职业教育高质量发展，加快构建现代职业教育体系，建设技能型社会，弘扬工匠精神，培养更多高素质技术技能人才、能工巧匠、大国工匠，满足我国汽车产业迅猛发展对高端技术技能型汽车人才的需求，中德诺浩在总结多年来将德国汽车职业教育中国本土化经验的基础上，编写了这套职业院校汽车类专业新形态工作手册式教材。

本套教材将理论基础和实践应用有机结合，在引领学生学习汽车专业知识的同时培养学生实际操作技能，具有以下特点：

（1）以企业一线任务为引导，将理论知识与实践技能进行完美结合。

（2）集图、文、声、像于一体，为学生提供多种形式的学习素材。

（3）采用四色印刷，版面简洁清晰、主题明确、色彩清新。

（4）本套教材配有丰富的数字化教学资源，学生可通过扫描每本书专属的封面二维码进行浏览和自学。

本套教材由中德诺浩汽车职业教育研究院组织编写，编写方式充分发挥了学生的主体地位，优化了课堂设计，便于调动学生的学习积极性和主动性，还可培养学生的创新意识和创新能力。

本套教材是职业院校汽车类专业核心课程教材，同时也可供从事汽车研究、设计、制造、使用和维修的工程技术人员学习和参考。

由于时间紧、任务重，本书内容难免有不恰当和错误之处，敬请广大读者批评指正！

编者

2022 年 10 月

目录
CONTENTS

情境一

汽车基本认知

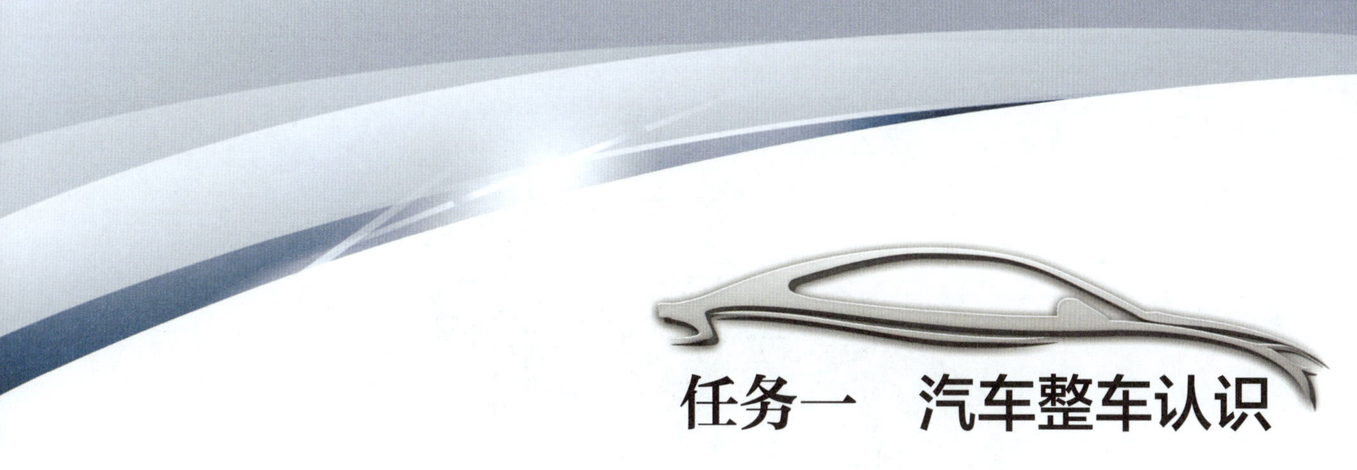

任务一　汽车整车认识

汽车认识实训任务工单	
任务描述	汽车 VIN 码 □　配气机构 □　曲柄连杆机构 □　进气、排气系统 □　冷却系统 □ 润滑系统 □　燃油供给系统 □　点火系统 □　起动系统 □　传动系统 □ 转向系统 □　行驶系统 □　制动系统 □　电器设备 □　车身附件 □ 其他：
任务目标	● 能够在车辆上找到汽车 VIN 码的位置，并通过 VIN 码识别车辆信息 ● 能够叙述汽车的四大组成部分及其功用
任务内容	● 汽车 VIN 码的位置 ● 汽车 VIN 码的含义及组成 ● 汽车发动机、底盘、车身、电器设备的组成及功用
任务重点	● 汽车 VIN 码的位置 ● 汽车发动机、底盘、车身、电器设备的组成及功用
任务难点	● 汽车 VIN 码的含义 ● 汽车 VIN 码的组成 ● 汽车发动机、底盘、车身、电器设备的组成及功用

一、知识讲解

（一）汽车 VIN 码

汽车 VIN 码中的 VIN 是英文 Vehicle Identification Number（车辆识别码）的缩写。SAE（美国机动车工程师学会）标准中规定，VIN 码由 17 位字码组成，所以俗称十七位码。

1. 汽车 VIN 码的位置

汽车 VIN 码一般位于车辆零件表面、易于看到且能防止磨损或替换的部位。VIN 码常见的位置在仪表板左侧、前横梁、行李舱内、悬挂支架上、纵梁上、翼子板内侧、车辆铭牌上等，如图 1-1 所示。

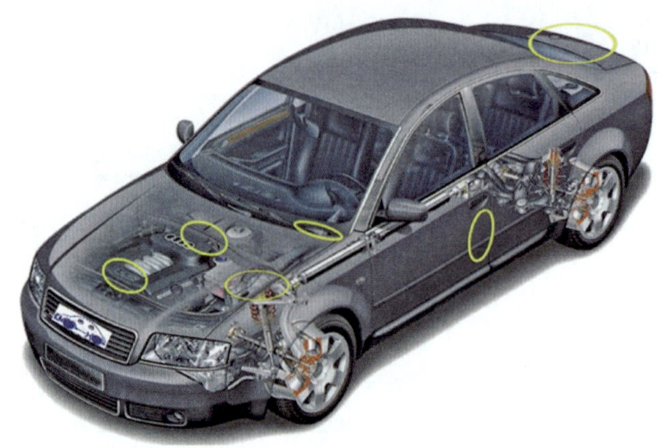

图 1-1 汽车 VIN 码的常见位置

2. 汽车 VIN 码的组成及含义

国家标准《道路车辆 车辆识别代号（VIN）》（GB 16735—2019）中规定，车辆识别代号由世界制造厂识别代号（WMI）、车辆说明部分（VDS）、车辆指示部分（VIS）三部分组成，共 17 位字码。

对年产量≥1 000 辆的完整车辆和 / 或非完整车辆制造厂，车辆识别代号的第一部分为世界制造厂识别代号（WMI）；第二部分为车辆说明部分（VDS）；第三部分为车辆指示部分（VIS），如图 1-2a 所示。

对年产量 <1 000 辆的完整车辆和 / 或非完整车辆制造厂，车辆识别代号的第一部分为世界制造厂识别代号（WMI）；第二部分为车辆说明部分（VDS）；第三部分的第 3、4、5 位与第一部分的 3 位字码一起构成世界制造厂识别代号（WMI），其余 5 位为车辆指示部分（VIS），如图 1-2b 所示。

（1）WMI 部分

对年产量≥1 000 辆的汽车制造厂，世界制造厂识别代号（WMI）由 3 位字码组成。第 1 位表示地理区域，第 2 位表示国家或地区。

WMI 码中的第 1 位和第 2 位字码组成的双字码块，由国际标准化组织（ISO）的国际代理机构——美国机动车工程师学会（SAE）预先分配给世界各个地区和国家，如日本为 JA ~ JZ 及 J0 ~ J9，美国为 1A ~ 1Z 及 10 ~ 19，中国为 LA ~ LZ 及 L0 ~ L9 等。

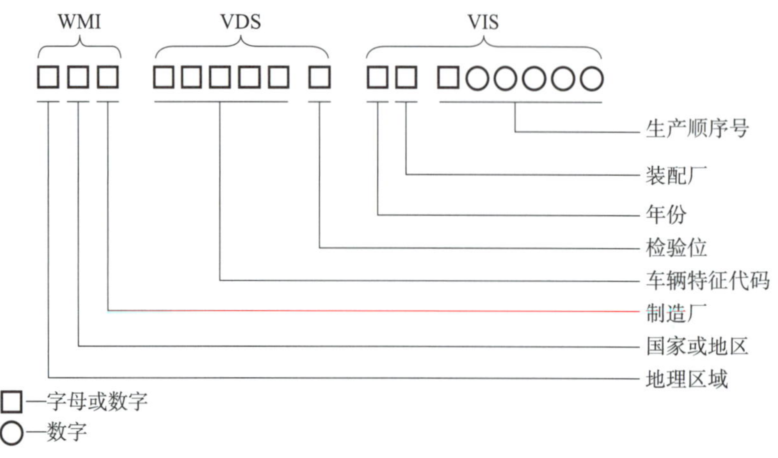

a）

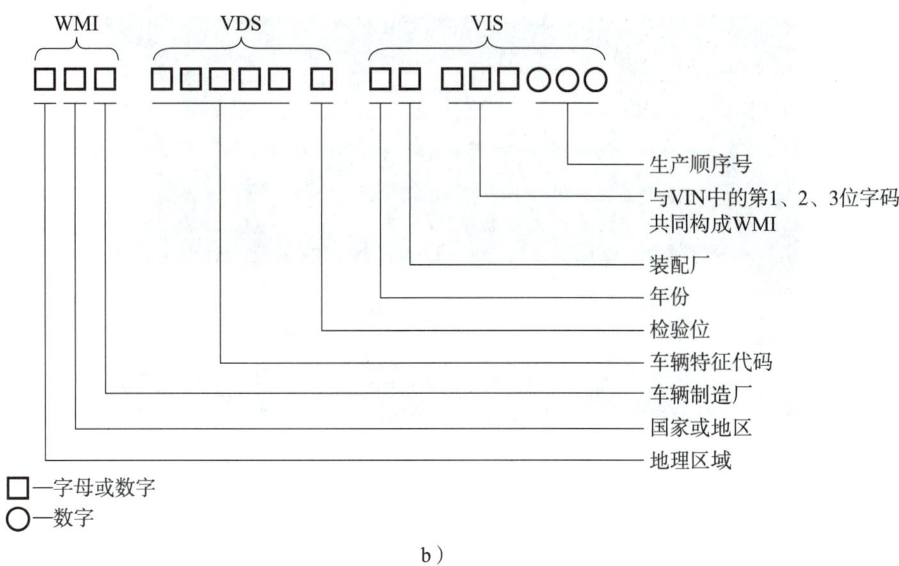

b）

图 1-2 汽车 VIN 码的组成及含义

a）车辆年产量≥1 000 辆 b）车辆年产量 <1 000 辆

第 3 位是汽车制造厂代码。一般厂商不同，对它的解释也不同。对年产量 <1 000 辆的汽车制造厂，其 VIN 码的第 3 位用数字“9”表示；对年产量≥1 000 辆的汽车制造厂，则多用 VIN 码的前 3 位组合来共同表示其特定的品牌。例如，一汽、上汽大众、奥迪、奔驰等厂商的常见车型年产量都很大，都是用 VIN 码前 3 位组合来代表其品牌。汽车制造厂代码（部分）见表 1-1。

表 1-1 汽车制造厂代码（部分）

代码	制造厂商	代码	制造厂商
LHG	中国广州本田汽车有限公司	LFW	中国一汽集团
LJN	中国郑州日产汽车公司	LSW	中国上海大众汽车公司
LVT	中国奇瑞汽车制造厂	LGW	中国长城汽车公司
WAU	德国奥迪汽车公司	LMZ	中国长安福特马自达汽车公司
1HG	美国本田汽车有限公司	KMH	韩国现代汽车公司
JHM	日本本田汽车有限公司	1LN	美国福特汽车公司
WDB	德国戴姆勒 – 奔驰汽车公司	JNI	日本日产汽车有限公司

汽车制造厂代码“WDB”代表的是德国戴姆勒 – 奔驰公司，如图 1-3 所示。

（2）VDS 部分

车辆说明部分（VDS）占据 VIN 码的第 4 ~ 第 9 位，由 6 位字母或数字组成。其中，前 5 位表示车辆特征代码，从中可以看出不同的车型，其所表达的含义有一定的区别，同时，不同的厂商对这 5 位具体内容的定义也不一样，所以这部分需要参考各厂商的具体规定。车辆特征代码的含义见表 1-2。

图 1-3 汽车 VIN 码中的“WDB”

表 1-2 车辆特征代码的含义

车辆类型	第 4 位	第 5 位	第 6 位	第 7 位	第 8 位
轿车、MPV、SUV	种类	系列	车身类型	发动机类型	约束系统类型
载货车	型号或种类	系列	底盘、驾驶室类型	发动机类型	制动系统及车辆额定总重
客车	型号或种类	系列	车身类型	发动机类型	制动系统

第 9 位为检验位，由数字 0 ~ 9 或字母“X”组成，主要用来核对 VIN 码的准确性，其数值由其他 16 位数字或字母决定（用于防止 VIN 码造假），如图 1–4 所示。

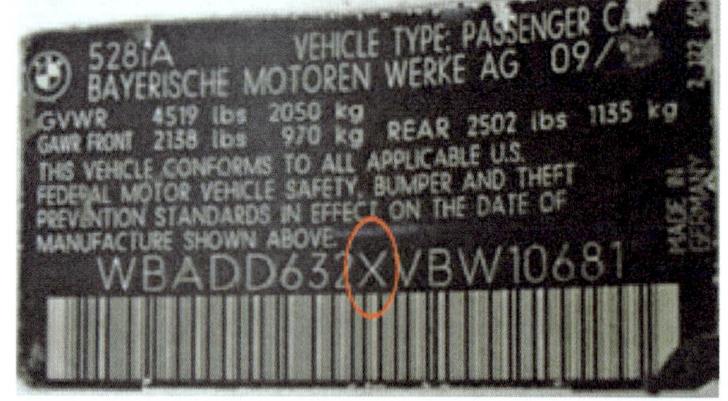

图 1-4 检验位

（3）VIS 部分

VIN 码的第 10 位也是 VIS 部分（车辆指示部分）的第 1 位，代表汽车的生产年份，按规定应该用大写的罗马字母加上数字来表示（部分欧标车型除外），如图 1–5 所示。通过 VIN 码可以查看汽车的生产年份，这也是 VIN 码的一项很重要的功能。

1 2 3 4 5 6 7 8 9 0

A B C D E F G H J K L M N P R S T V W X Y

（字母I、O、Q、U、Z不能使用）

图 1-5 用大写的罗马字母加上数字表示生产年份

从 1991 年开始计算，用字母 M 代表 1991 年，去掉中间容易引起误读的 5 个字母 I、O、Q、U、Z，以 30 年为 1 周期，生产年份代码见表 1–3。

表 1–3 生产年份代码

代码	年份	代码	年份	代码	年份	代码	年份
M	1991	2	2002	D	2013	R	2024
N	1992	3	2003	E	2014	S	2025
P	1993	4	2004	F	2015	T	2026
R	1994	5	2005	G	2016	V	2027
S	1995	6	2006	H	2017	W	2028
T	1996	7	2007	J	2018	X	2029
V	1997	8	2008	K	2019	Y	2030
W	1998	9	2009	L	2020	以此类推，以 30 年为 1 周期	
X	1999	A	2010	M	2021		
Y	2000	B	2011	N	2022		
1	2001	C	2012	P	2023		

如图 1–6 所示，图中 VIN 码的第 10 位英文字母“Y”代表的年份是 2000 年。

图 1–6 汽车 VIN 码的第 10 位

VIN 码的第 11 位一般用来表示装配厂，若无装配厂，也可规定为其他内容。

对年产量≥1 000 辆的汽车制造厂，VIN 码的第 12 ~ 第17 位用来表示生产顺序号；对于年产量 <1 000 辆的汽车制造厂，VIN 码的第 12 ~ 第14 位与 VIN 码的前 3 位共同构成世界制造厂识别代号（WMI）。

（二）汽车的结构

汽车由发动机、底盘、车身和电器设备四个基本部分组成。

1. 汽车发动机的组成及功用

发动机又叫引擎，被称为汽车的心脏，是一种能够把其他形式的能量转化为机械能的机器，通常是把热能转化为机械能。因此，发动机是汽车的动力源。

（1）根据气缸数量不同，发动机可分为单缸发动机和多缸发动机，如图 1-7 所示。

单缸发动机　　多缸发动机

图 1-7　根据发动机气缸数量不同分类

目前，汽车常见的多缸发动机主要有 3 缸、4 缸、5 缸、6 缸、8 缸、10 缸、12 缸、16 缸等（见图 1-8）。

图 1-8　多缸发动机

（2）根据气缸排列形式不同，发动机可分为直列发动机、V 型发动机、W 型发动机和水平对置式发动机，如图 1-9 所示。

（3）根据冷却方式不同，发动机可分为水冷式发动机和风冷式发动机，如图 1-10 所示。

（4）根据放置位置不同，发动机可分为前置式发动机和后置式发动机，如图 1-11 所示。

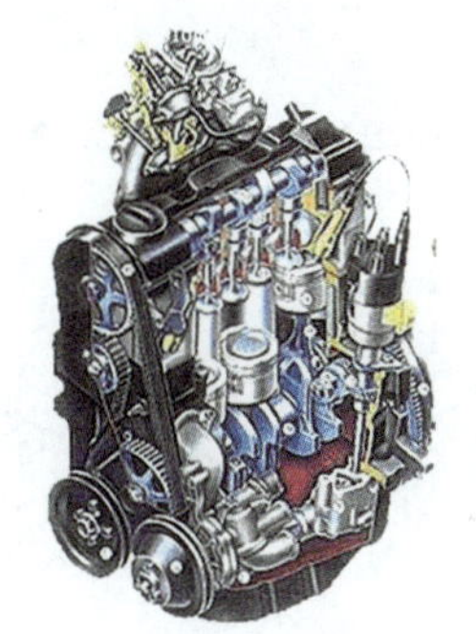

直列发动机

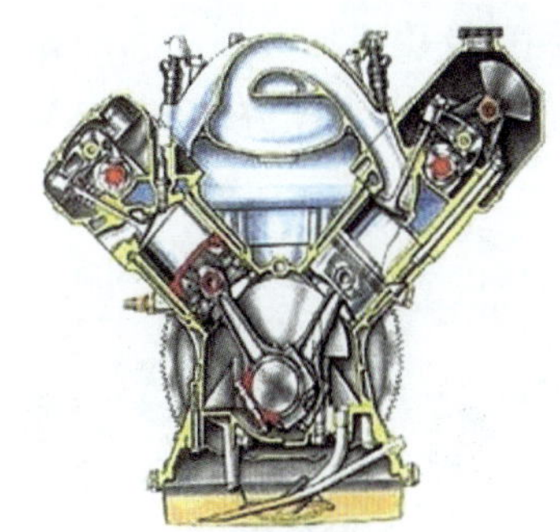

V 型发动机

W 型发动机

水平对置式发动机

图 1-9 根据发动机气缸排列形式不同分类

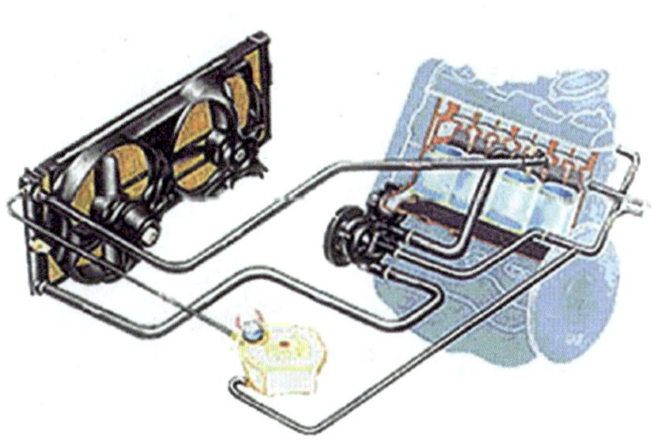

水冷式发动机

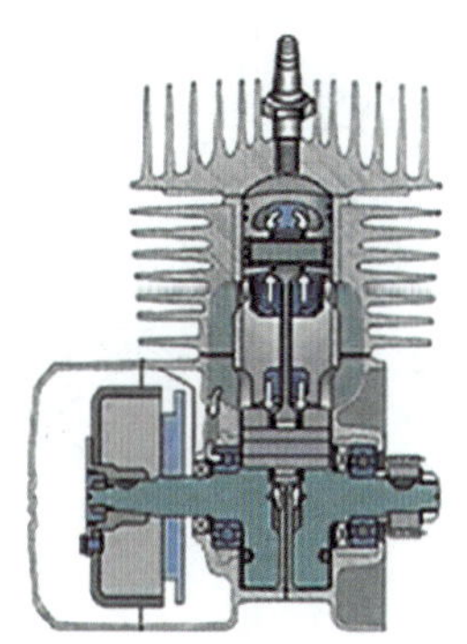

风冷式发动机

图 1-10 根据发动机冷却方式不同分类

前置式发动机

后置式发动机

图 1-11 根据发动机放置位置不同分类

2. 汽车底盘的组成及功用

汽车底盘由传动系统、行驶系统、制动系统和转向系统四部分组成，如图 1–12 所示。

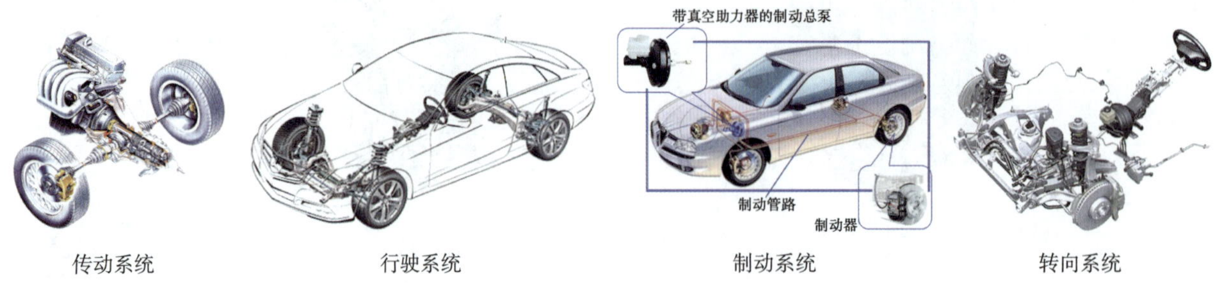

图 1–12　汽车底盘

汽车底盘的作用是支撑、安装汽车发动机及其各部件、总成，形成汽车的整体造型，并接受发动机的动力，使汽车产生运动，保证正常行驶。

传动系统位于车辆下部，用于连接发动机和驱动轮，将发动机的动力传递给车轮。

行驶系统能够支撑车身各组成部分，并保证车辆正常、平稳行驶。

制动系统位于车辆中前方及底部，用来控制行驶中的汽车减速或停止。

转向系统位于车辆前部中下方，用来控制汽车的行驶方向。

3. 汽车电器设备的组成及功用

汽车电器设备主要由蓄电池、发电机、起动机、仪表、照明装置、音响装置、刮水器及各种电子设备、电控单元（ECU）、人工智能装置等组成，如图 1–13 所示。

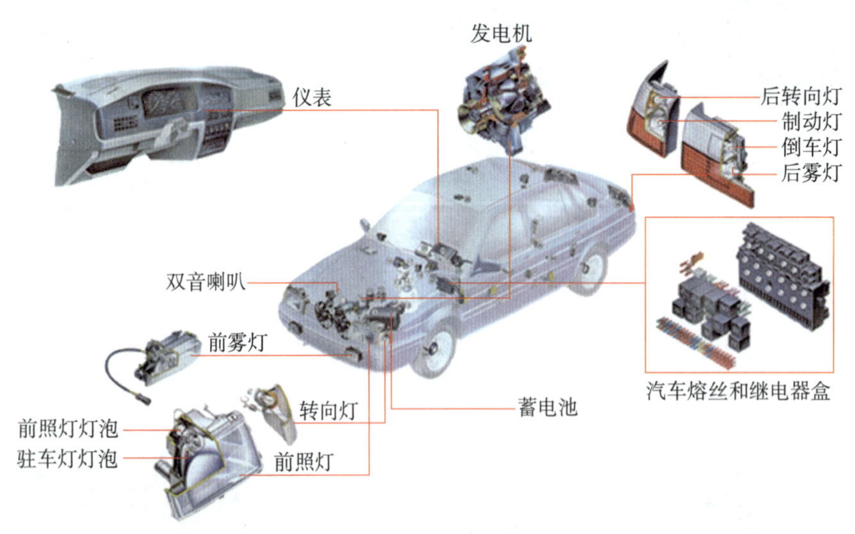

图 1–13　汽车电器设备的组成

4. 汽车车身的组成及功用

汽车车身可以分为两大类，分别是承载式车身和非承载式车身，如图 1–14 所示。轿车一般采用承载式车身，只有个别高强度越野车型才会采用非承载式车身。

承载式车身

非承载式车身

图 1-14 车身的分类

轿车车身包括很多附件，如车门、发动机舱盖、行李舱盖、前后保险杠、前后翼子板、前后风窗玻璃、前后门窗玻璃等。

汽车车身的功用主要是保护驾驶员和乘员的安全，以及构成良好的空气力学环境。

二、任务准备

在下列图片中勾选出完成本任务所需的工具、设备等。

抹布	实训整车	防护用品	工作台
备件车	发动机台架	手电筒	举升机

三、防护措施

1. 进入车间应穿工鞋、戴工帽；工作服应整洁、无破损；操作时不可佩戴手表等金属饰品，以防划伤车辆表面。

2. 使用举升机举升车辆时应严格按照举升机使用方法进行操作，并通知其他人员远离举升设备。

3. 在搬运重物及尖锐器物时，应注意动作和姿势，防止扭伤腰部、砸伤脚部、划伤手部等。

4. 操作过程中应做到油品、工具、配件三不落地，作业完毕后及时清理车间工作场地，做到现场6S管理规范。

四、任务分配（见表 1-4）

表 1-4　任务分配表

职务	代码	姓名	工作内容
组长	A		监督、管理组员工作
组员	B		准备实训所需资料
	C		
	D		准备实训所需工具、设备
	E		

五、任务实施

完成表 1-5 中空白项目的填写。

表 1-5　汽车 VIN 码的认识

LFVBA24B553967666			
VIN 码	LFVBA24B553967666	国家	
生产厂商		生产年份	2005 年
KMHBF21DPPU543838			
VIN 码	KMHBF21DPPU543838	国家	韩国
生产厂商		生产年份	1993 年
LFVAA11A1Y2015713			
VIN 码	LFVAA11A1Y2015713	国家	
生产厂商		生产年份	
VIN JF1SH95F4AG136391			
VIN 码	JF1SH95F4AG136391	国家	
生产厂商	斯巴鲁	生产年份	

将图 1-15 中各标注的序号填写到汽车各组成部分对应的方框内。

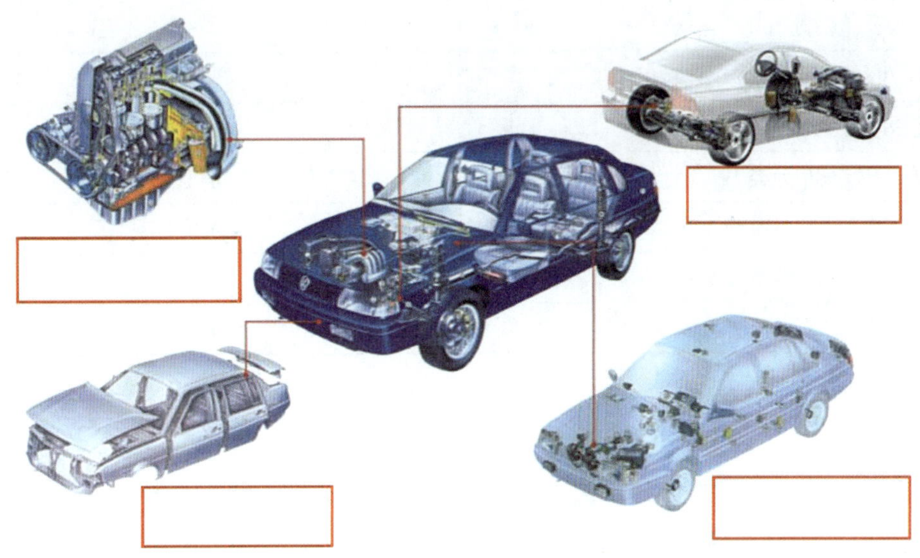

图 1-15 汽车各组成部分

1—发动机 2—底盘 3—电器设备 4—车身

六、检查

（一）自检

结合本组任务操作，对任务执行过程的操作规范性进行检查，检查操作过程中是否存在以下问题，分析讨论应如何避免这些问题并总结规范的操作方法（见表 1-6）。

表 1-6 自检

检查项目	检查结果
是否找到 VIN 码的位置	是☐ 否☐
是否查询到 VIN 码信息	是☐ 否☐
VIN 码信息查询结果是否正确	是☐ 否☐
是否能正确地为发动机分类	是☐ 否☐
是否能正确地找到底盘各系统	是☐ 否☐
是否能正确地找到汽车电器设备各元件	是☐ 否☐
是否能正确地找到汽车车身各元件	是☐ 否☐

（二）互检

组与组之间相互进行任务操作过程及结果检查，并把检查结果填写在表 1-7 中。

表 1-7　互检

检查项目	检查结果
是否找到 VIN 码的位置	是☐　否☐
是否查询到 VIN 码信息	是☐　否☐
VIN 码信息查询结果是否正确	是☐　否☐
是否能正确地为发动机分类	是☐　否☐
是否能正确地找到底盘各系统	是☐　否☐
是否能正确地找到汽车电器设备各元件	是☐　否☐
是否能正确地找到汽车车身各元件	是☐　否☐

七、课堂小结

____

____

____

情境二

汽车发动机认知

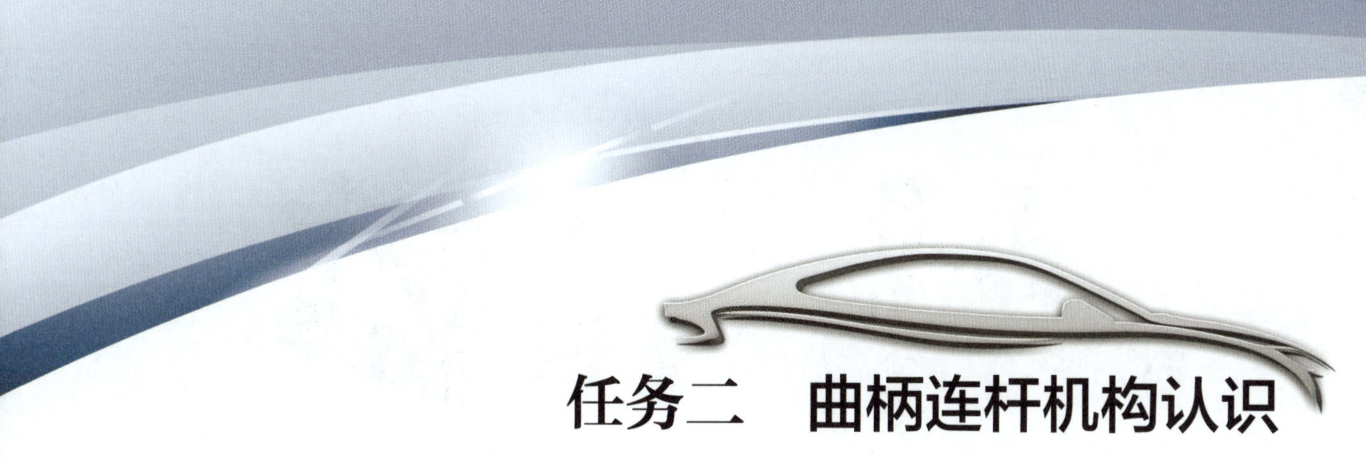

任务二　曲柄连杆机构认识

汽车认识实训任务工单	
任务描述	汽车 VIN 码 □　配气机构 □　曲柄连杆机构 □　进气、排气系统 □　冷却系统 □ 润滑系统 □　燃油供给系统 □　点火系统 □　起动系统 □　传动系统 □ 转向系统 □　行驶系统 □　制动系统 □　电器设备 □　车身附件 □ 其他：
任务目标	● 能够认识曲柄连杆机构各元件并指出它们在发动机上的安装位置
任务内容	● 发动机的组成 ● 曲柄连杆机构的组成、安装位置与作用 ● 气缸体的组成与作用 ● 曲轴飞轮组的组成与作用 ● 活塞连杆组的组成与作用
任务重点	● 曲柄连杆机构的组成、安装位置与作用
任务难点	● 曲轴飞轮组的组成与作用 ● 活塞连杆组的组成与作用

一、知识讲解

（一）发动机的组成与各系统的作用

汽油发动机由两大机构和五大系统组成（见图 2-1）。两大机构是指曲柄连杆机构和配气机构，如图 2-2 和图 2-3 所示。

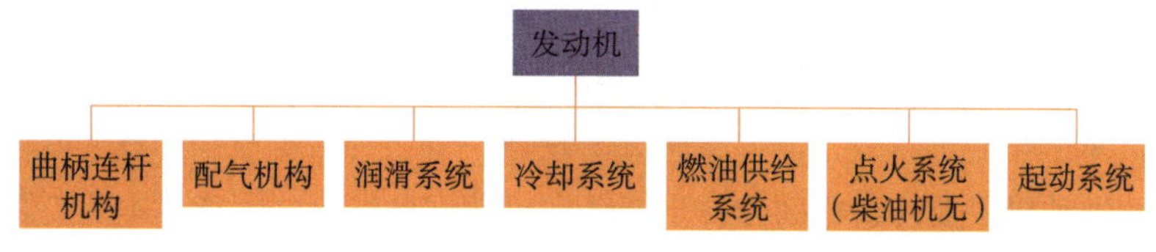

图 2-1　发动机两大机构和五大系统

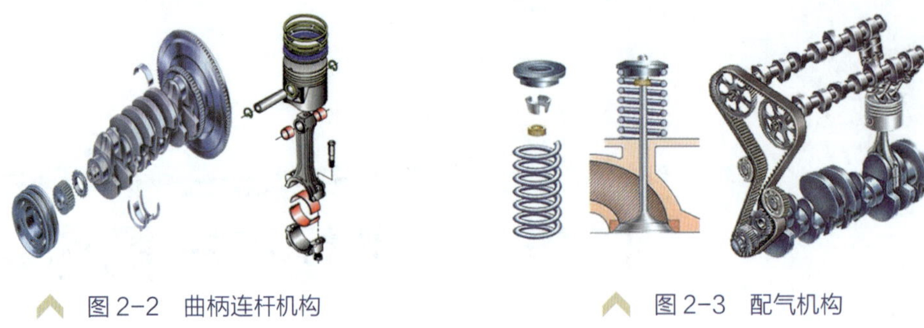

图 2-2　曲柄连杆机构　　　图 2-3　配气机构

五大系统是指润滑系统、冷却系统、点火系统（柴油机无）、起动系统和燃油供给系统，如图 2-4 所示。

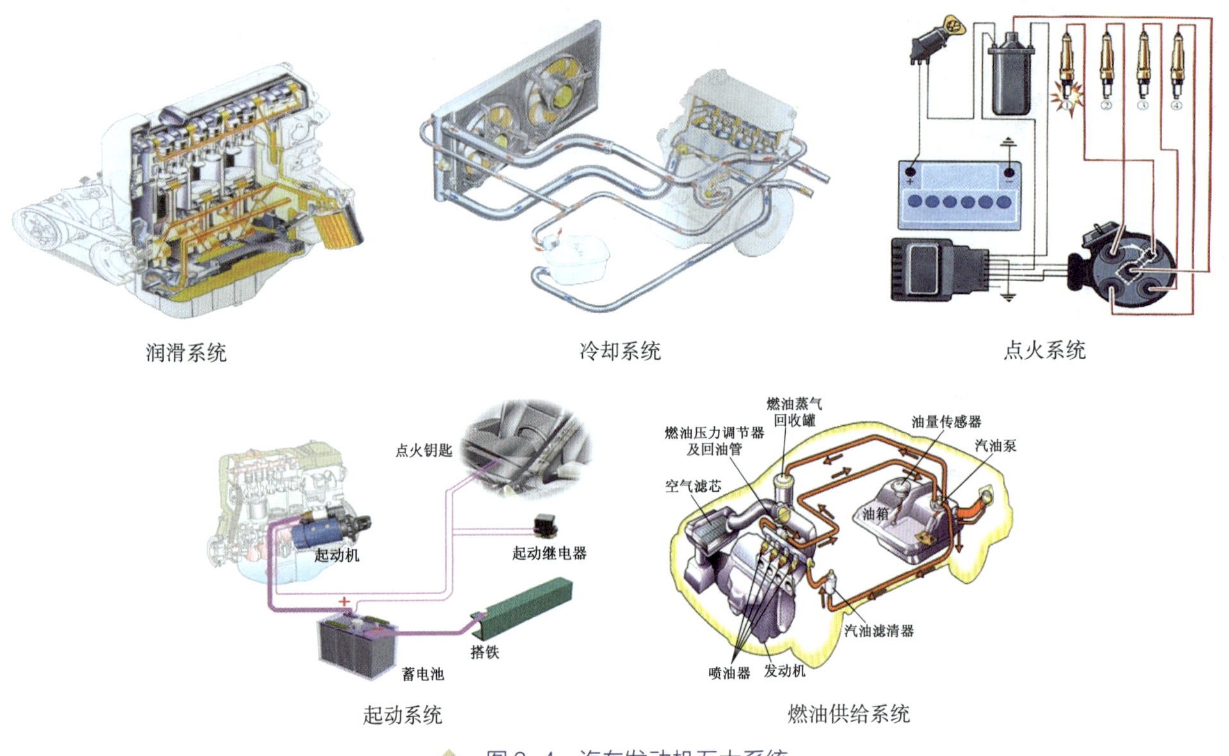

图 2-4　汽车发动机五大系统

曲柄连杆机构是往复式内燃机中的动力传递系统，也是发动机实现工作循环、完成能量转换的主要运动部件。

配气机构是发动机各气缸按照要求实现进气与排气的机械系统，是发动机能否正常工作的重要保证。

润滑系统是发动机机械系统正常工作的重要保证，是向需要润滑的部位供给润滑剂的一系列机构及其附属装置的总称。

冷却系统能使发动机在所有工况下都保持在适当的温度范围内，既要防止发动机过热，又要防止发动机过冷。

点火系统是汽油发动机重要的组成部分，是能够在火花塞两电极之间产生电火花的全部设备的总称。

起动系统是为了使静止的发动机进入工作状态，通过起动机将蓄电池的电能转换成机械能，以外力带动曲轴运转到怠速转速过程所需要的装置。

燃油供给系统的作用是根据发动机各种工况的要求，配制出一定数量和浓度的可燃混合气，供入气缸，使之在合适的时间燃烧、做功的系统。

（二）曲柄连杆机构的组成与作用

曲柄连杆机构主要由机体组、曲轴飞轮组、活塞连杆组三部分组成，如图 2-5 所示。

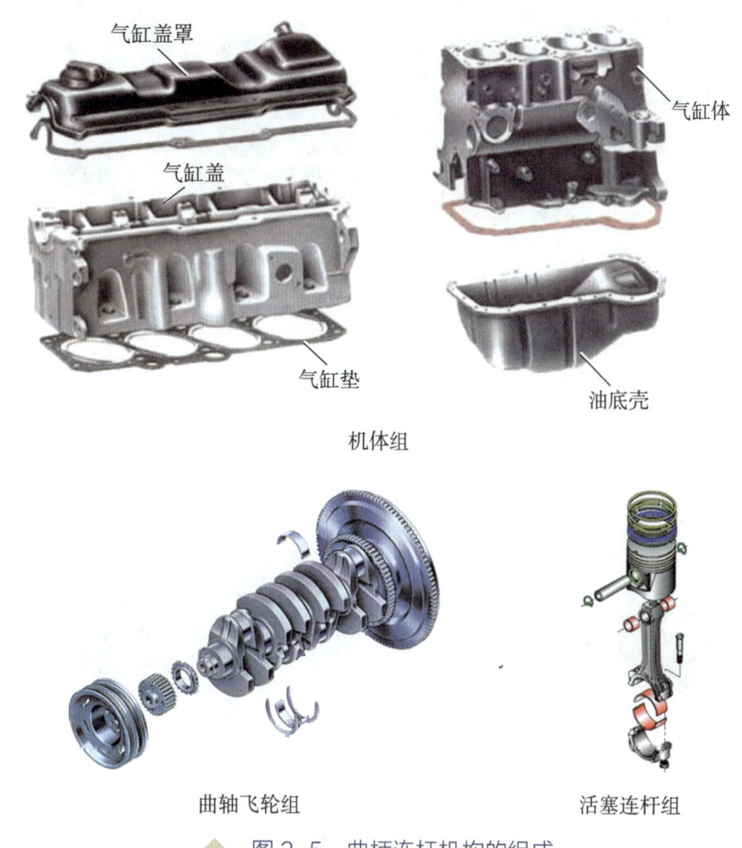

图 2-5 曲柄连杆机构的组成

1. 机体组

机体组是发动机的支架，主要由气缸盖罩、气缸盖、气缸垫、气缸体和油底壳等组成。

气缸盖是结构复杂的箱形零件，其上加工有进气门座孔、排气门座孔、火花塞安装孔、气门导管孔、喷油器安装孔等，如图 2-6 所示。

图 2-6 气缸盖

气缸盖的作用是密封气缸，与活塞共同形成燃烧空间，并承受高温、高压燃气的作用。

水冷式发动机的气缸盖有整体式、分块式和单体式三种结构形式，如图 2-7 所示。

在多缸发动机中，若全部气缸共用一个气缸盖，则该气缸盖称为整体式气缸盖；若每两缸用一盖或每三缸用一盖，则该气缸盖称为分块式气缸盖；若每缸一盖，则该气缸盖称为单体式气缸盖。风冷式发动机均采用单体式气缸盖。

整体式

分块式

单体式

图 2-7　气缸盖的分类

气缸体（见图 2-8）是发动机的主体，它将各个气缸和曲轴箱连成一体，是安装活塞、曲轴以及其他零件和附件的支撑骨架。一个完整的气缸体应有油底壳（见图 2-9）及油底壳垫。

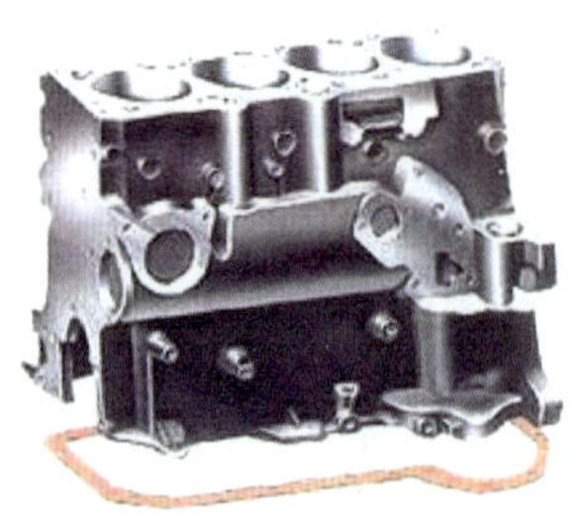
图 2-8　气缸体

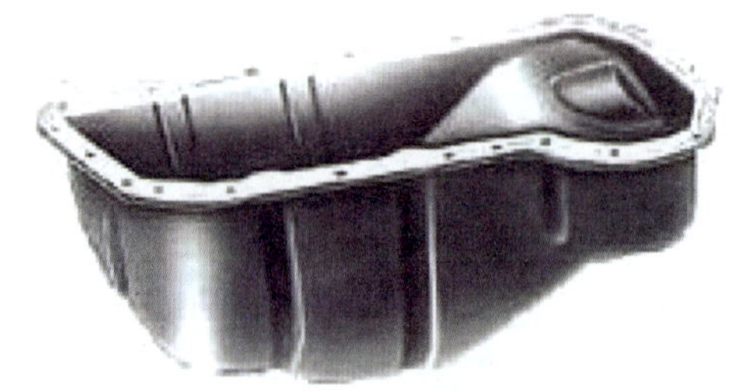
图 2-9　油底壳

除了按排列形式不同将气缸体分为直列、V 型、W 型和水平对置式以外，按曲轴箱结构形式的不同气缸体还可以分为平底式、龙门式和隧道式三种（见图 2-10）。

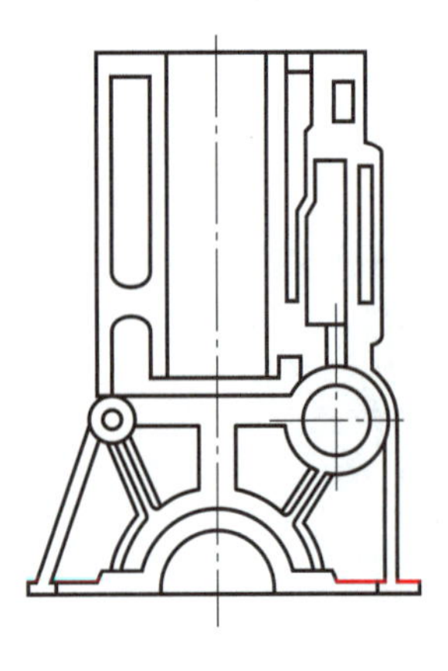
平底式

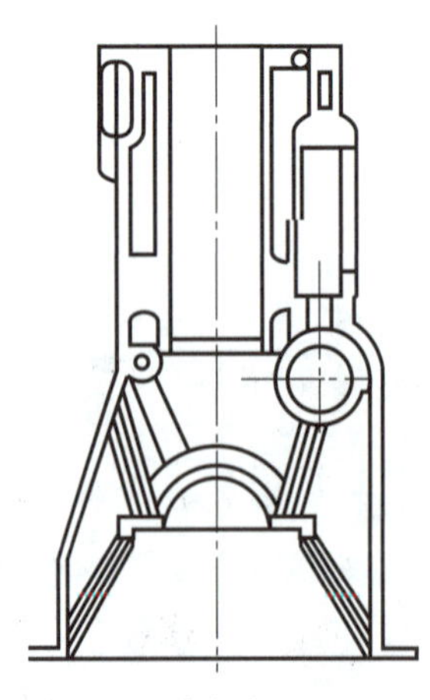
龙门式

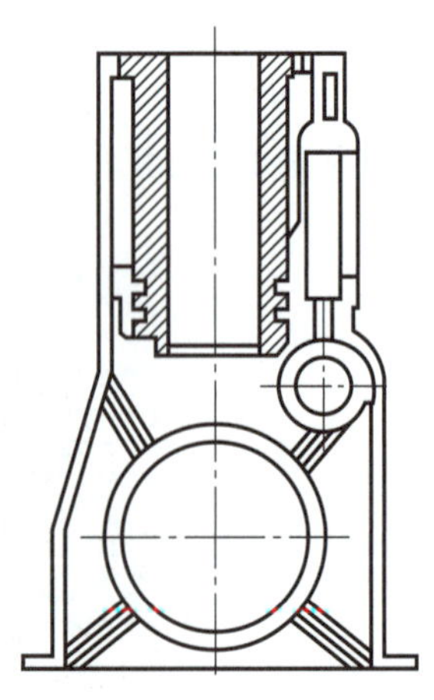
隧道式

图 2-10　气缸体的分类

2. 曲轴飞轮组

曲轴飞轮组由飞轮、主轴瓦、曲轴、止推片、油泵链轮、正时齿轮及传动轮（扭转减振器）等组成，如图 2–11 所示。

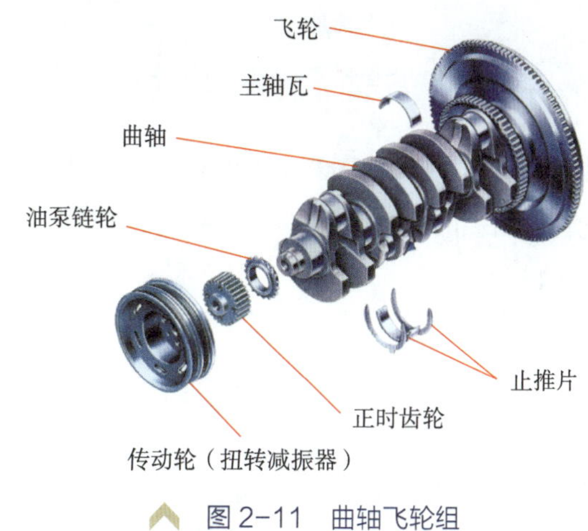

图 2–11 曲轴飞轮组

曲轴飞轮组的作用是把活塞、连杆传来的推力转变为转矩，并储存一部分能量，用以驱动汽车的传动系统和发动机的配气机构以及其他辅助装置。

飞轮是转动惯量很大的盘形零件，其作用是储存活塞传递给曲轴的惯性动力，如图 2–12 所示。此外，飞轮还是离合器的一部分，其边缘镶嵌有供启动发动机时使用的齿圈。

图 2–12 飞轮

飞轮按照结构和功能不同可分为普通飞轮和双质量飞轮，它的作用是储存发动机做功行程以外的能量和惯性。

曲轴由若干个曲拐构成，每个单元曲拐都由一个曲柄销、左右两个曲柄臂和两个主轴颈构成，如图 2–13 所示。

多缸直列式发动机曲轴的曲拐数与气缸数相同；V 型发动机曲轴的曲拐数等于气缸数的一半。

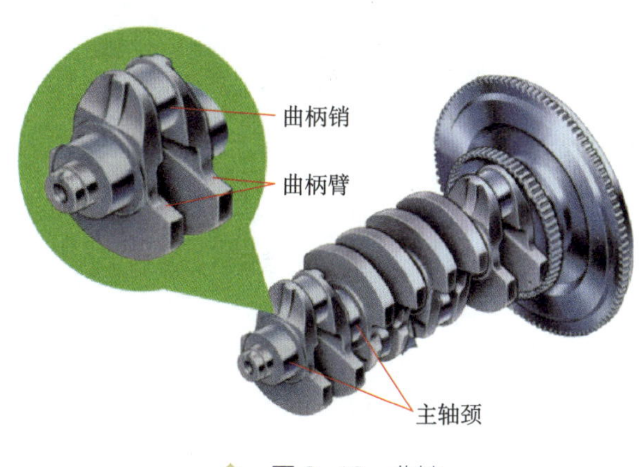

图 2–13 曲轴

曲轴可分为单拐曲轴、双拐曲轴和多拐曲轴，如图 2–14 所示。

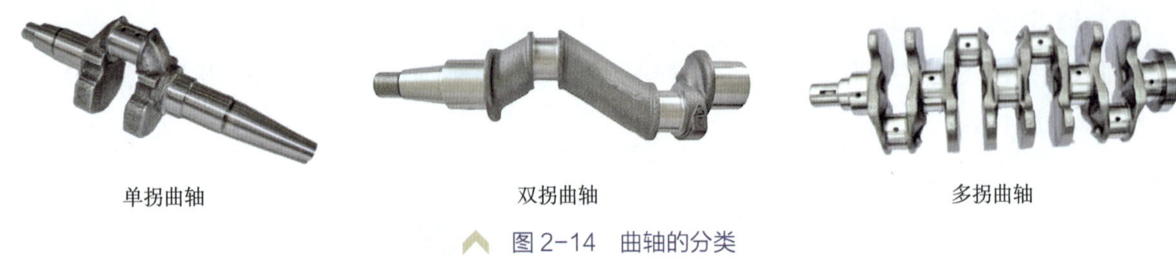

图 2–14　曲轴的分类

主轴瓦和连杆瓦外形相似，但是在主轴瓦内圈一般都有一道储油槽。除此之外，为了防止曲轴前后窜动，一般会在曲轴的某一道主轴颈两侧加装止推片，有的发动机则采用主轴瓦和止推片组合的形式，通常被称为翻边瓦，如图 2–15 所示。

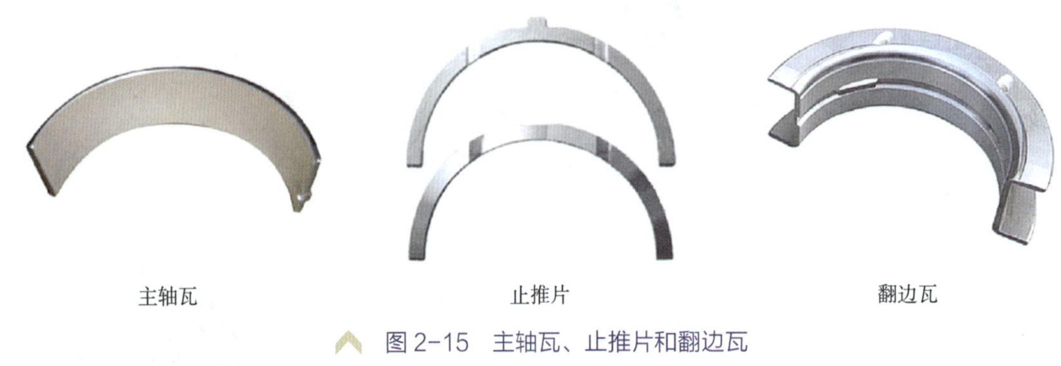

图 2–15　主轴瓦、止推片和翻边瓦

主轴瓦的作用是固定曲轴，调节曲轴与气缸体之间的间隙，减小摩擦阻力。

止推片主要起曲轴轴向支撑的作用，在保证曲轴转动的同时，阻止曲轴轴向窜动。

正时齿轮的主要作用是保证发动机运转时的配气相位，使进气门、排气门的开启和关闭与活塞运动相一致。正时齿轮按传动形式不同可分为带式、齿轮式和链条式三种，如图 2–16 所示。

图 2–16　正时齿轮的分类

油泵链轮的作用是传递动力，驱动机油泵，如图 2–17 所示。

传动轮（见图 2–18）的作用是将曲轴输出的动力传递给空调压缩机、动力转向泵、水泵、发电机等。

3. 活塞连杆组

活塞、连杆属于曲柄连杆机构的另一部分——活塞连杆组，同时活塞连杆组还包括活塞环、活塞销、连杆瓦、连杆盖、连杆螺栓等，如图 2–19 所示。

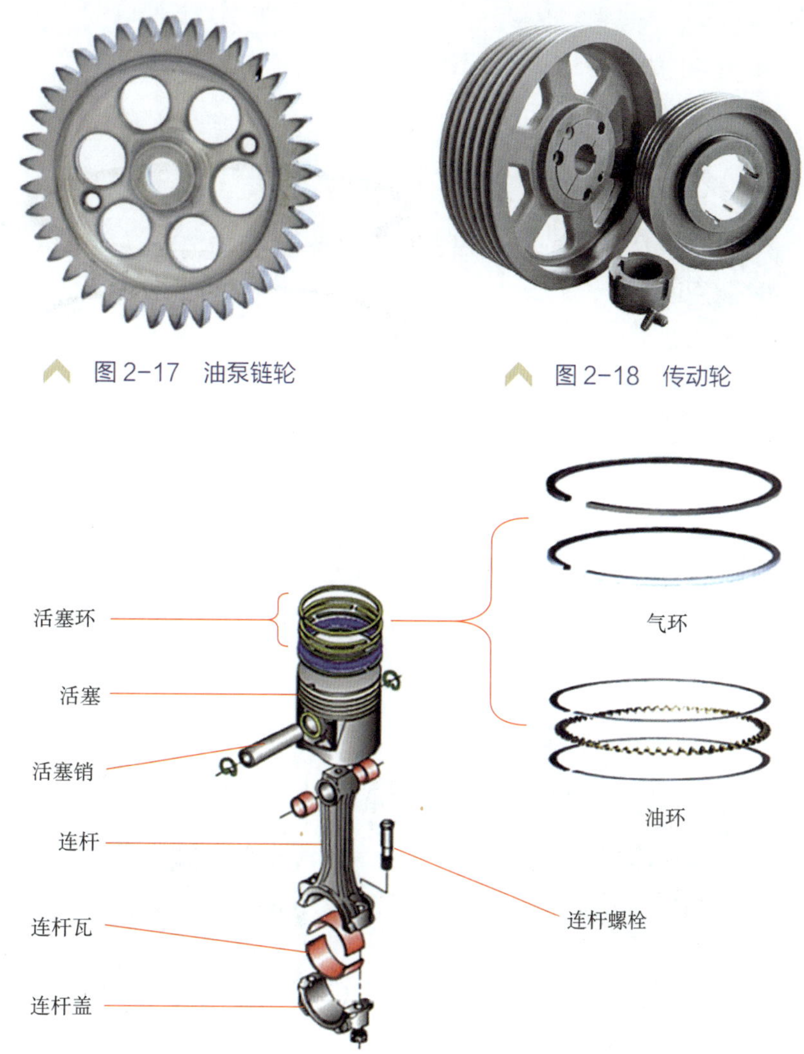

图 2-17 油泵链轮

图 2-18 传动轮

图 2-19 活塞连杆组的组成

活塞连杆组是发动机的传动件，它把燃烧气体的压力传递给曲轴，使曲轴旋转并输出动力。

活塞的作用是承受气缸内高温、高压混合气的压力。活塞一般分为柴油机活塞、汽油机活塞和通用型活塞三种，如图 2-20 所示。

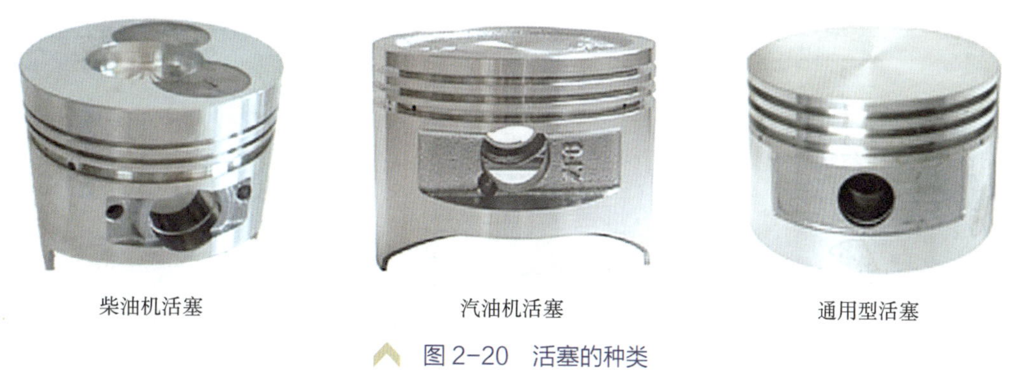

图 2-20 活塞的种类

活塞环（见图 2-21）的作用是密封、导热、导向和调节机油。活塞环按照作用不同可分为油环和

气环两种。

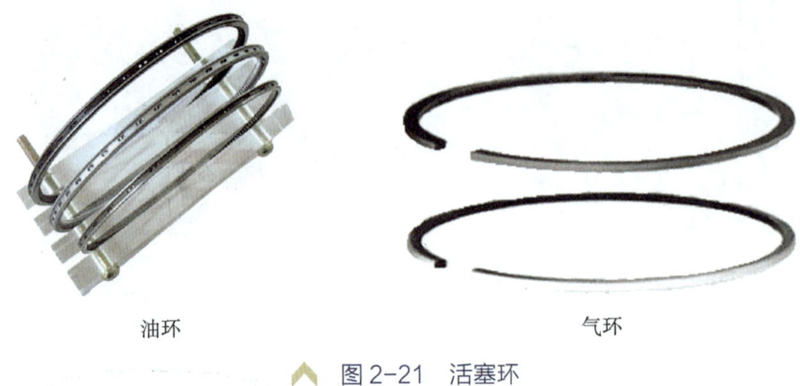

图 2-21　活塞环

活塞销的作用是用来连接活塞与连杆，并把活塞承受的气体作用力传递给连杆，或使连杆小头带动活塞一起运动。

活塞销可分为半浮式和全浮式两种（见图 2-22）。其中，全浮式可拆卸，半浮式不可拆卸。

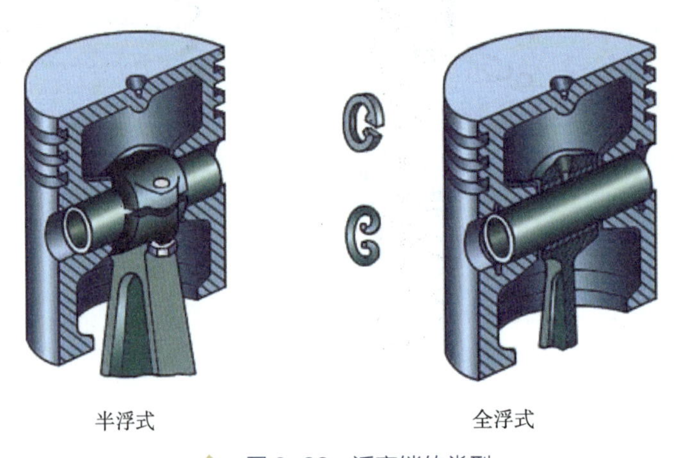

图 2-22　活塞销的类型

连杆可以承受活塞传递来的气体压力，并将压力传递给曲轴；连杆瓦主要是用来固定连杆，调节连杆与曲轴间隙，减小摩擦阻力；连杆盖则是用来固定连杆及连杆瓦，如图 2-23 所示。

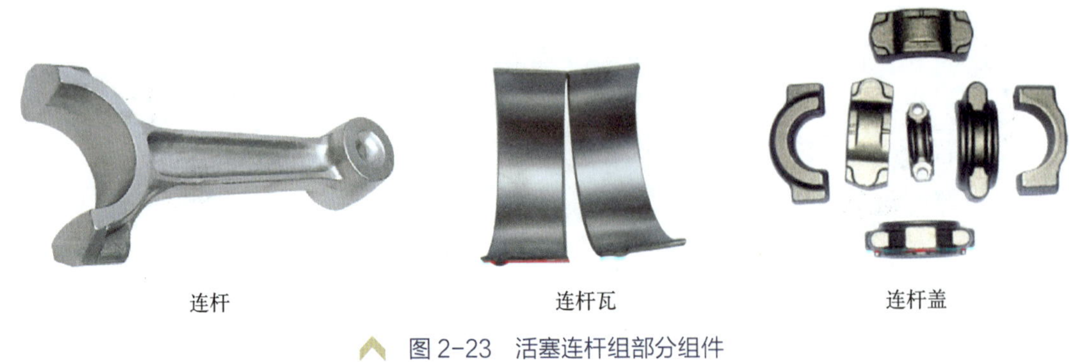

图 2-23　活塞连杆组部分组件

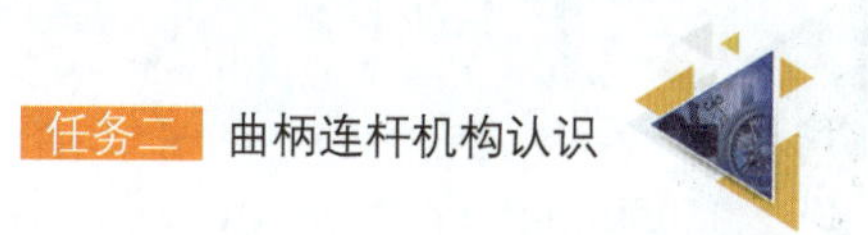

二、任务准备

在下列图片中勾选出完成本任务所需的工具、设备等。

举升机	抹布	发动机台架	实训整车
备件车	工作台	手电筒	防护用品
活塞环	止推片	主轴瓦	连杆瓦
曲轴	飞轮	活塞销	连杆

三、防护措施

1. 进入车间应穿工鞋、戴工帽；工作服应整洁、无破损；操作时不可佩戴手表等金属饰品，以防划伤车辆表面。

2. 使用举升机举升车辆时应严格按照举升机使用方法进行操作，并通知其他人员远离举升设备。

3. 作业结束后应关闭一切电源。

四、任务分配（见表 2-1）

表 2-1　任务分配表

职务	代码	姓名	工作内容
组长	A		监督、管理组员工作
组员	B		准备实训所需资料
	C		
	D		准备实训所需工具、设备
	E		

五、任务实施

完成表 2-2 至表 2-4 中空白项目的填写。

表 2-2　气缸体的认识

图片	气缸体的组成

表 2-3　曲轴飞轮组的认识

图片			
名称			
分类	普通飞轮 □　双质量飞轮 □	无	带式 □　链条式 □　齿轮式 □
位置		安装在发动机前端，气缸体上	

续表

图片			
名称			
分类	无	单拐式 □ 双拐式 □ 多拐式 □	翻边瓦 □ 普通瓦 □
位置		安装在气缸体上	

表 2-4 活塞连杆组的认识

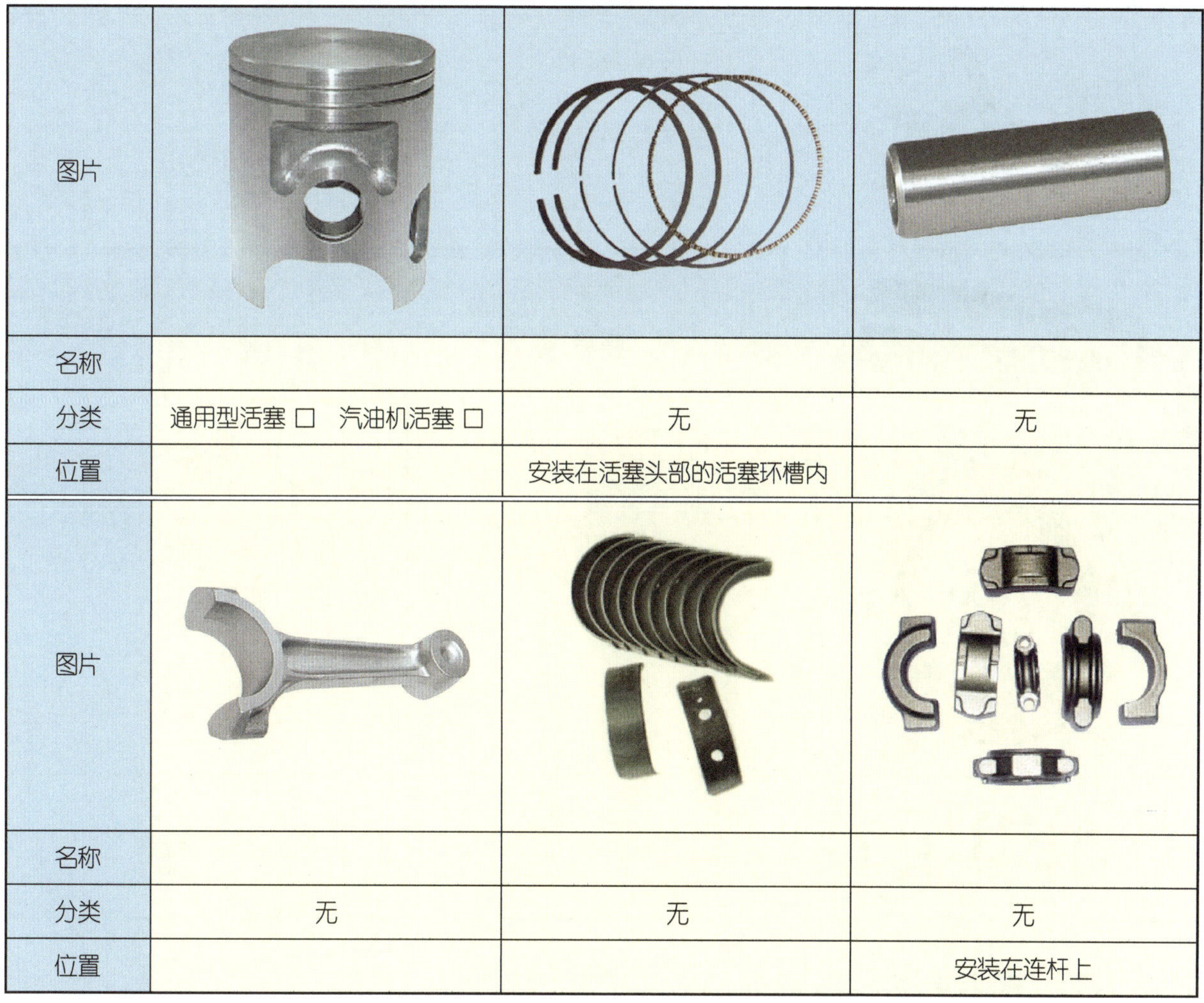

图片			
名称			
分类	通用型活塞 □ 汽油机活塞 □	无	无
位置		安装在活塞头部的活塞环槽内	
图片			
名称			
分类	无	无	无
位置			安装在连杆上

六、检查

完成表 2-5 中空白项目的填写。

表 2-5　检查

图片	名称	所属组别
	活塞	活塞连杆组
	气缸垫	
	连杆及连杆盖	
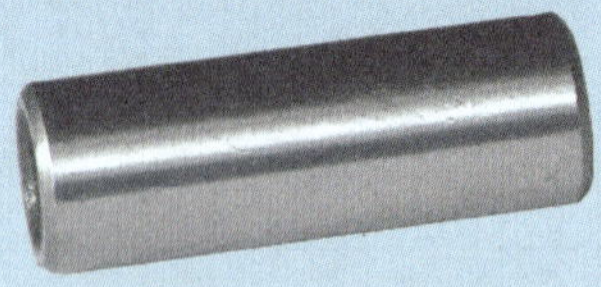	活塞销	
	飞轮	
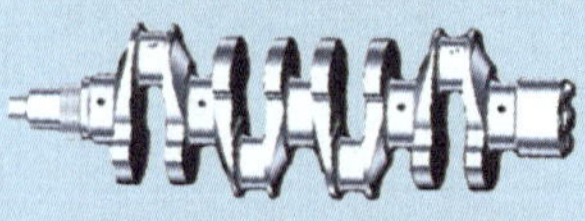	曲轴	曲轴飞轮组
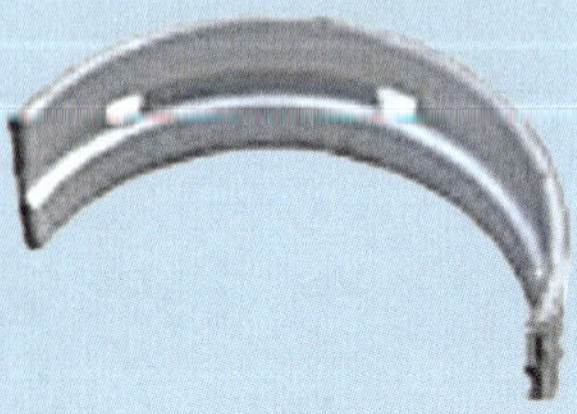	连杆瓦	活塞连杆组

续表

图片	名称	所属组别
	主轴瓦	
	止推片	曲轴飞轮组
	活塞环	

七、课堂小结

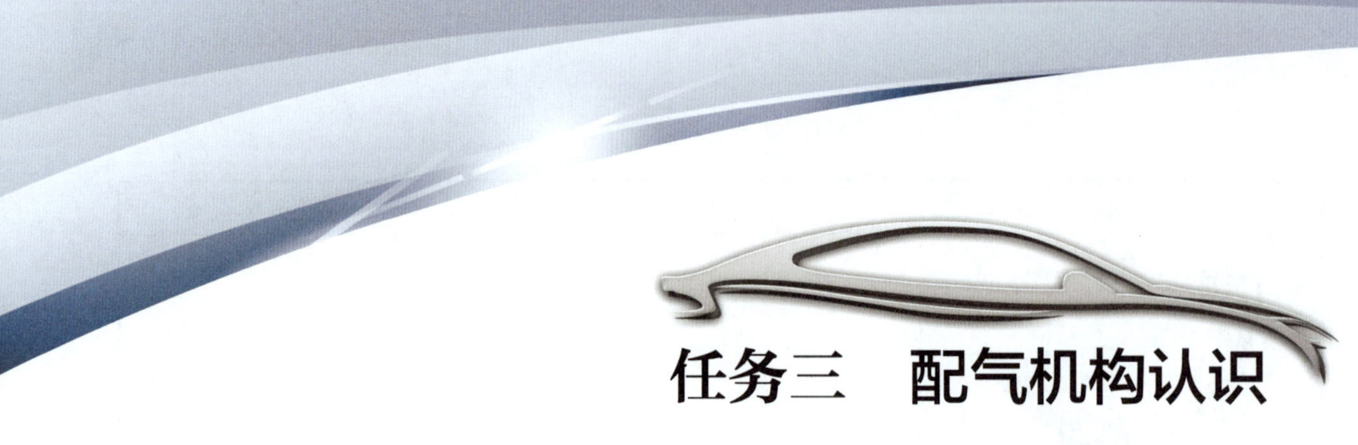

任务三　配气机构认识

<table>
<tr><th colspan="2">汽车认识实训任务工单</th></tr>
<tr><td>任务描述</td><td>汽车 VIN 码 □　配气机构 □　曲柄连杆机构 □　进气、排气系统 □　冷却系统 □
润滑系统 □　燃油供给系统 □　点火系统 □　起动系统 □　传动系统 □
转向系统 □　行驶系统 □　制动系统 □　电器设备 □　车身附件 □
其他：</td></tr>
<tr><td>任务目标</td><td>● 能够了解配气机构的组成、作用与分类</td></tr>
<tr><td>任务内容</td><td>● 配气机构的组成、作用与分类</td></tr>
<tr><td>任务重点</td><td>● 配气机构的组成与作用</td></tr>
<tr><td>任务难点</td><td>● 配气机构的组成</td></tr>
</table>

一、知识讲解

（一）配气机构的作用与分类

1. 配气机构的作用

配气机构（见图 3–1）的作用是使发动机各气缸按照要求实现进气与排气，是发动机能否正常工作的重要保证。

2. 配气机构的分类

（1）配气机构按气门布置形式不同可分为气门顶置式和气门侧置式两种，如图 3–2 所示。

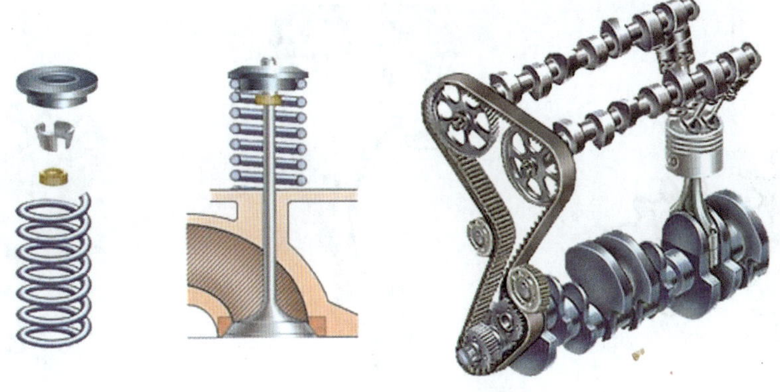

图 3-1　配气机构

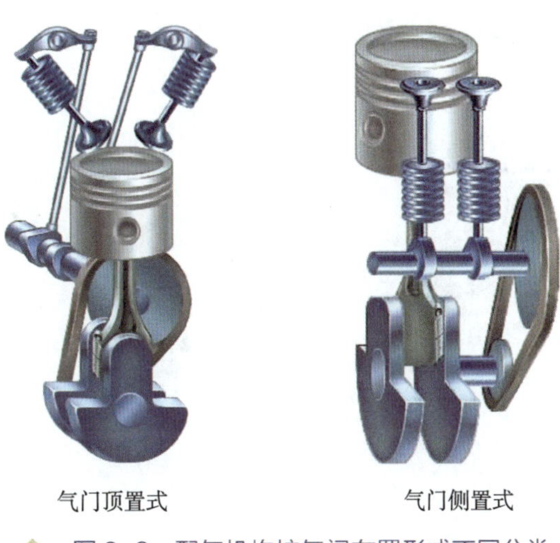

图 3-2　配气机构按气门布置形式不同分类

（2）配气机构按凸轮轴布置形式不同可分为下置式、中置式和上置式三种，如图 3-3 所示。

图 3-3　配气机构按凸轮轴布置形式不同分类

（3）配气机构按凸轮轴传动形式不同可分为齿轮传动、链条传动、齿形带传动等，如图 3-4 至图 3-6 所示。

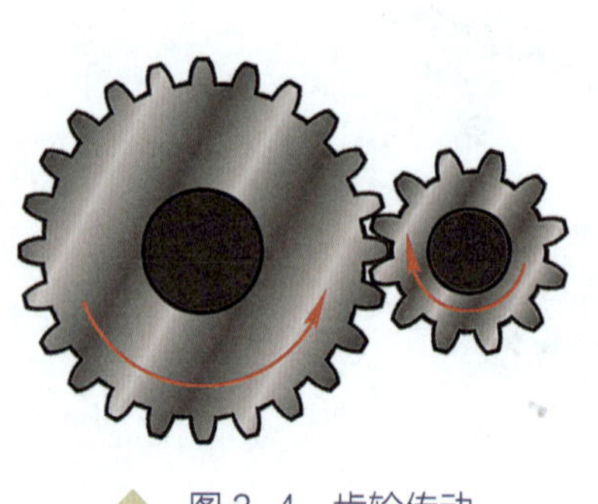

图 3-4　齿轮传动

图 3-5　链条传动

图 3-6　齿形带传动

（4）配气机构按每缸气门数和排列方式不同可分为两气门、三气门、四气门、五气门等，如图 3-7 所示。

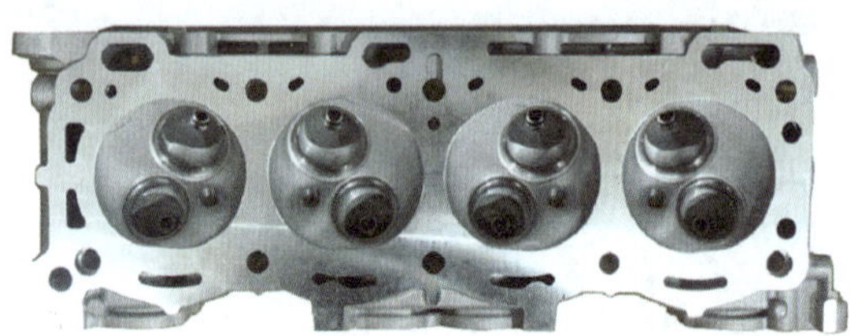

两气门

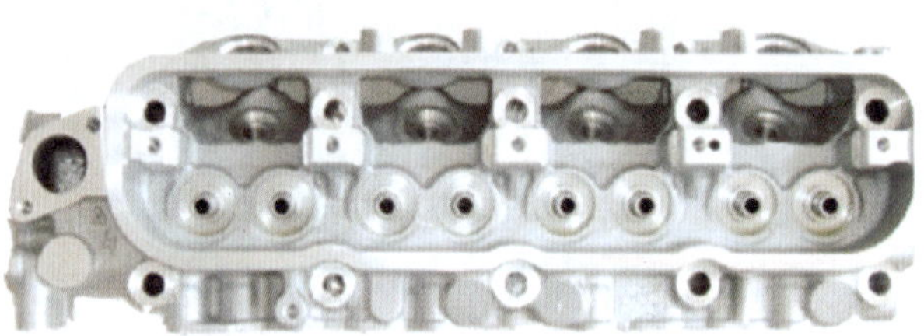

三气门

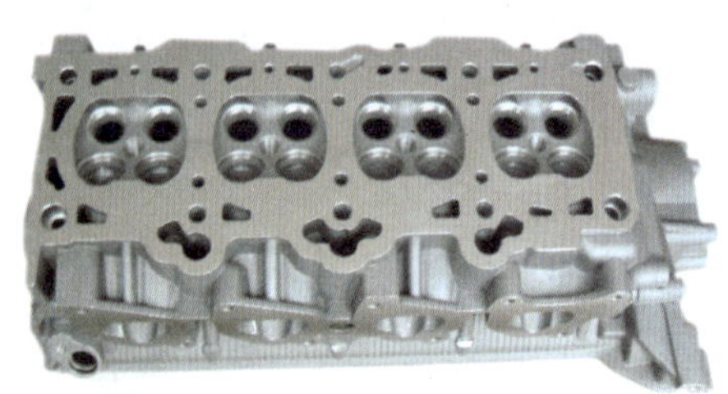

四气门

五气门

图 3-7　配气机构按每缸气门数和排列方式不同分类

（二）配气机构的组成

配气机构主要由气门组和气门传动组两部分组成。

1. 气门组

气门组主要由气门、气门弹簧、气门弹簧座、气门锁片、气门油封和气门导管等组成（见图 3-8）。

气门专门负责向发动机内输入空气并排出燃烧后的废气。

气门弹簧与气门弹簧座配合可实现气门的回位。

气门锁片与气门导管、气门弹簧座、气缸盖配合，用以固定气门。

气门油封是发动机气门组的重要零件之一，用于气门导管的密封，可以防止机油进入进气管和排气管，造成机油流失；防止汽油与空气的混合气体泄漏；防止排放的废气泄漏；防止发动机机油进入燃烧室。

气门导管是汽车发动机气门的导向装置，对气门起导向作用，气门杆上的热量经过它传递给气缸盖。

图 3-8 气门组的组成部件

2. 气门传动组

气门传动组包括凸轮轴、液压挺柱、气门推杆、气门摇臂、气门摇臂轴等，如图 3-9 所示。气门传动组的作用是使进气门、排气门按配气相位规定的时刻开闭，且保证有足够的开度。

凸轮轴的作用是驱动和控制各缸气门的开启和关闭，使其符合发动机的工作顺序、配气相位和气门开度的变化规律等。

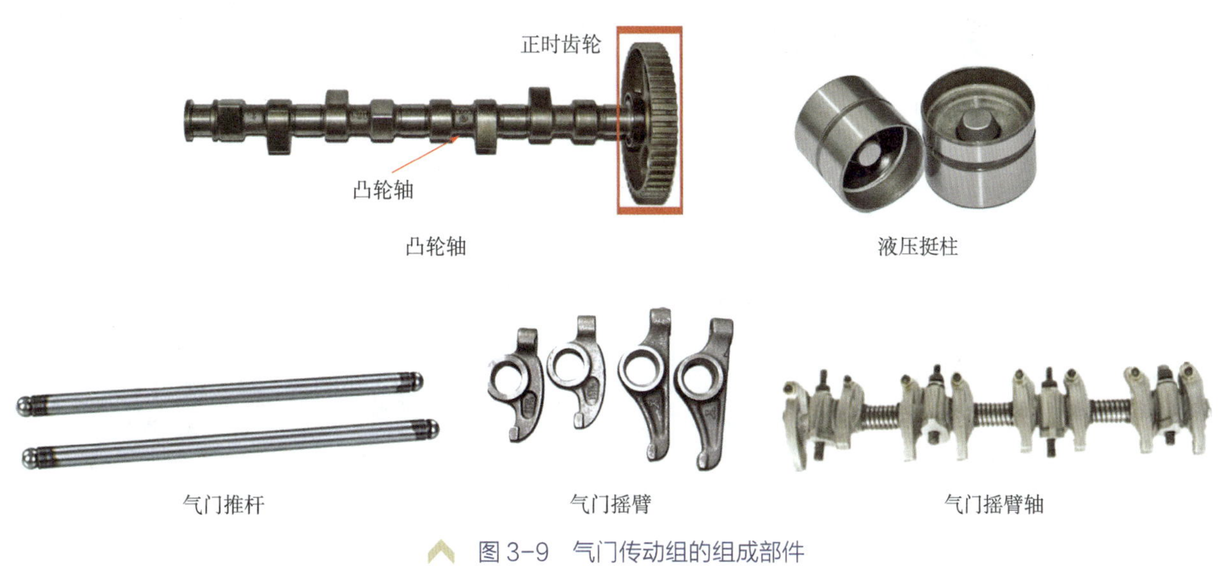

图 3-9 气门传动组的组成部件

液压挺柱可将来自凸轮轴的运动和作用力传递给气门推杆或气门，并承受凸轮轴旋转时所施加的侧向力。

气门推杆的作用是顶开气门摇臂，迫使气门打开。

气门摇臂的作用是配合凸轮轴适时地打开气门，完成发动机的进气和排气。

二、任务准备

在下列图片中勾选出完成本任务所需的工具、设备等。

抹布	实训整车	防护用品	工作台
备件车	发动机台架	手电筒	举升机
气门弹簧	气缸盖	气门摇臂轴	气门弹簧座
气门推杆	气门	凸轮轴	气门锁片

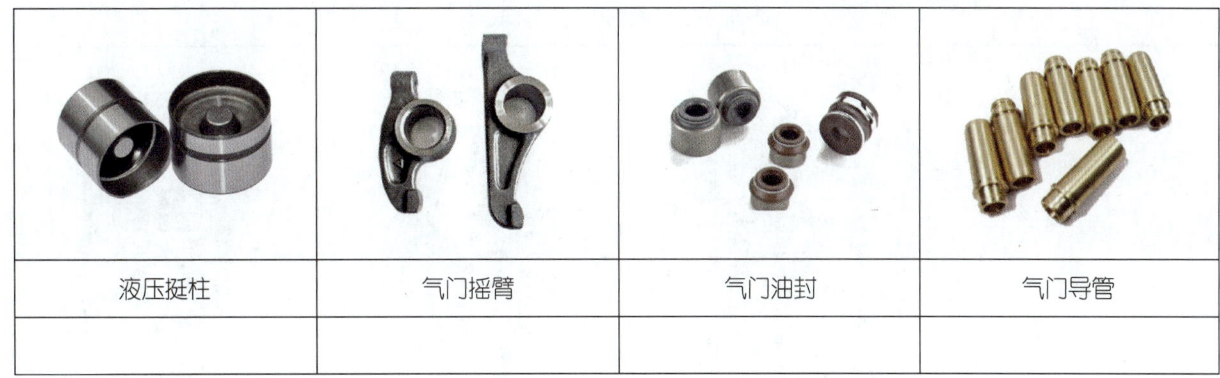

液压挺柱	气门摇臂	气门油封	气门导管

三、防护措施

1. 进入车间应穿工鞋、戴工帽；工作服应整洁、无破损；操作时不可佩戴手表等金属饰品，以防划伤车辆表面。

2. 使用举升机举升车辆时应严格按照举升机使用方法进行操作，并通知其他人员远离举升设备。

3. 在搬运重物及尖锐器物时，应注意动作和姿势，防止扭伤腰部、砸伤脚部、划伤手部等。

4. 操作过程中应做到油品、工具、配件三不落地，作业完毕后及时清理车间工作场地，做到现场6S管理规范。

四、任务分配（见表 3-1）

表 3-1 任务分配表

职务	代码	姓名	工作内容
组长	A		监督、管理组员工作
组员	B		准备实训所需资料
	C		
	D		准备实训所需工具、设备
	E		

五、任务实施

完成表 3-2 至表 3-4 中空白项目的填写。

表 3-2　配气机构的认识

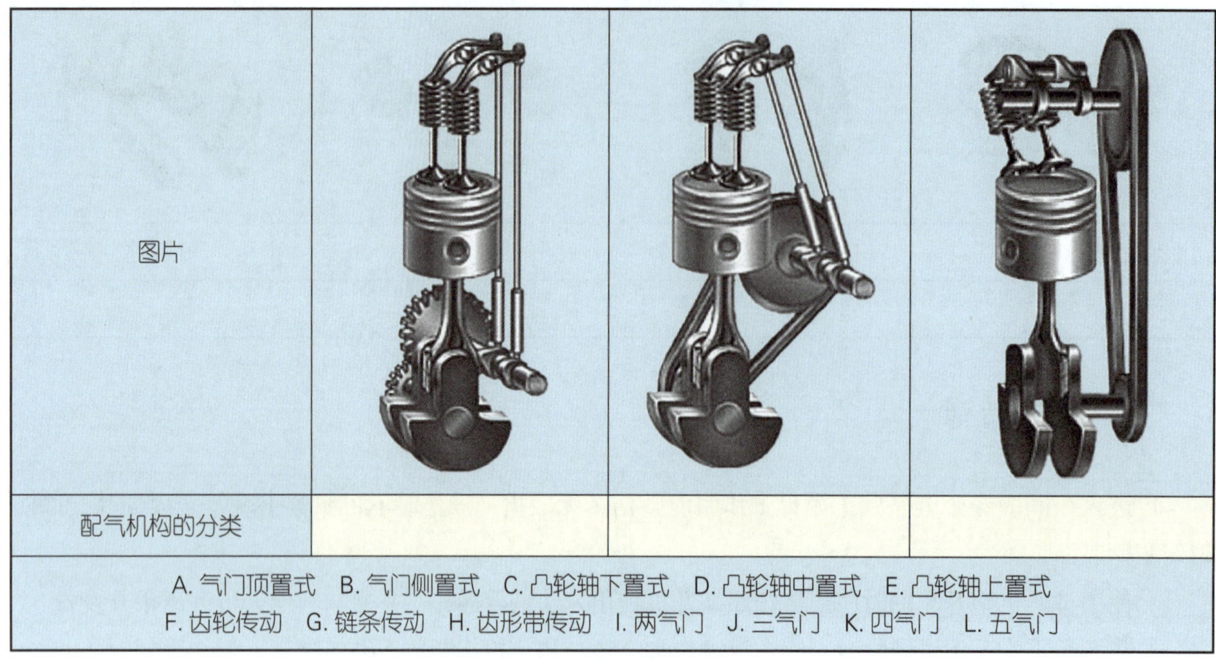

图片			
配气机构的分类			

A. 气门顶置式　B. 气门侧置式　C. 凸轮轴下置式　D. 凸轮轴中置式　E. 凸轮轴上置式
F. 齿轮传动　G. 链条传动　H. 齿形带传动　I. 两气门　J. 三气门　K. 四气门　L. 五气门

表 3-3　气门组的认识

图片	名称	是否找到	安装位置
		是□　否□	气门锁片 上气门弹簧座 气门弹簧 气门油封 气门导管 进气门座 进气门 排气门座 排气门
		是□　否□	
		是□　否□	
		是□　否□	

续表

图片	名称	是否找到	安装位置
		是□ 否□	气门锁片 上气门弹簧座 气门弹簧 气门油封 气门导管 进气门座 进气门 排气门座 排气门
		是□ 否□	

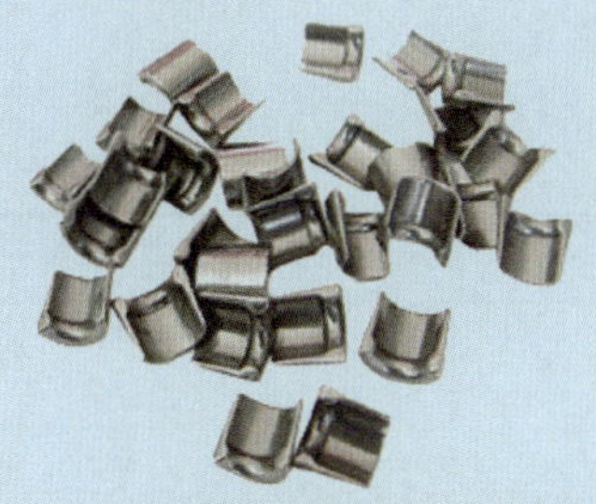

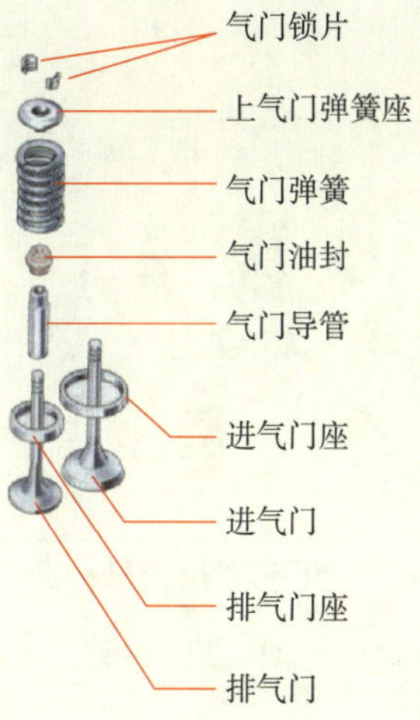

表 3-4 气门传动组的认识

图片	名称	是否找到	安装位置
		是□ 否□	凸轮轴 半圆键 凸轮轴油封 凸轮轴止时齿轮 液压挺柱 凸轮轴正时齿轮 张紧轮 水泵齿轮 正时齿形带 曲轴正时齿轮
		是□ 否□	
		是□ 否□	
		是□ 否□	气门摇臂轴 气门推杆 液压挺柱 气门摇臂 凸轮轴
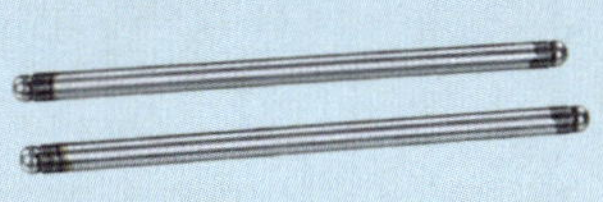		是□ 否□	

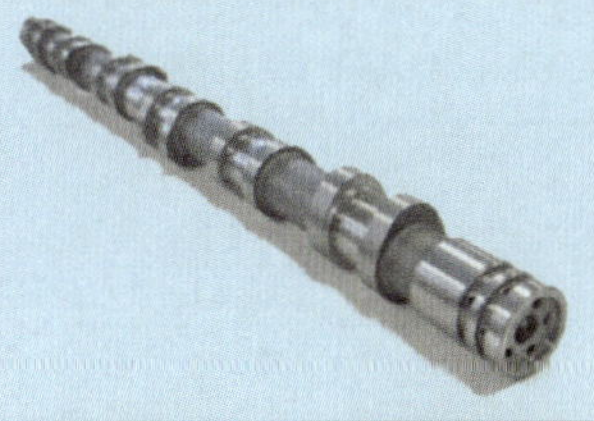

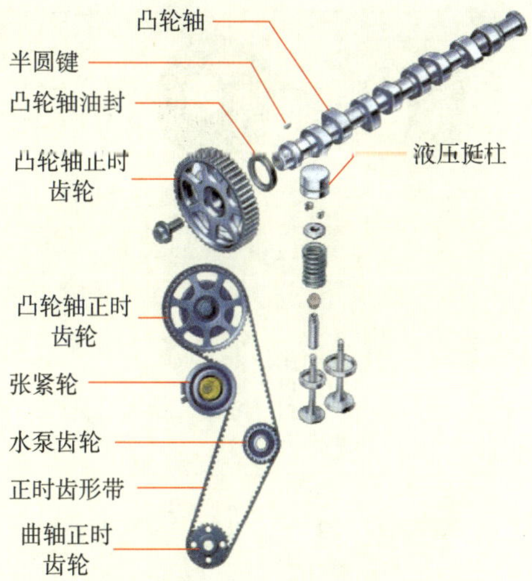

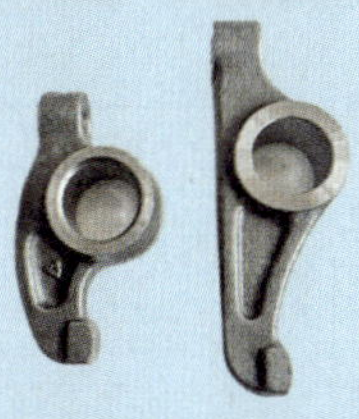

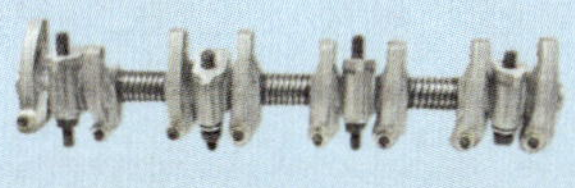

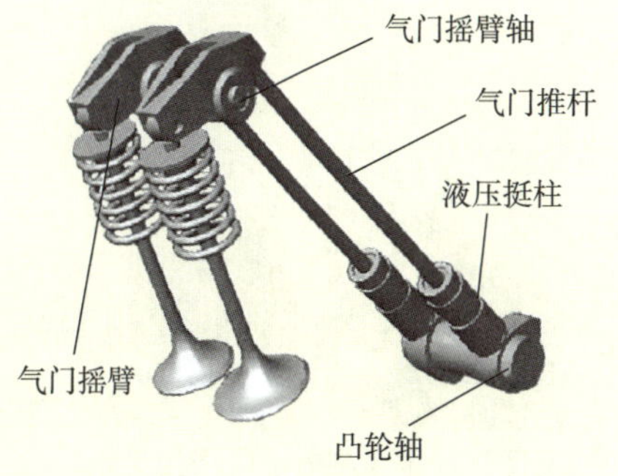

六、检查

结合任务实施结果，在表 3-5 中填写相应元件的名称并勾选其所属组别。

表 3-5　检查

图片	名称	作用	所属组别
		与气门弹簧座配合可实现气门的回位	气缸盖 □ 气门组 □ 气门传动组 □
		密封气缸，与活塞共同形成燃烧空间，并承受高温、高压燃气的作用	气缸盖 □ 气门组 □ 气门传动组 □
		固定气门摇臂	气缸盖 □ 气门组 □ 气门传动组 □
		顶开气门摇臂，迫使气门打开	气缸盖 □ 气门组 □ 气门传动组 □
		与气门弹簧配合可实现气门的回位	气缸盖 □ 气门组 □ 气门传动组 □
		负责向发动机内输入空气并排出燃烧后的废气	气缸盖 □ 气门组 □ 气门传动组 □
		驱动和控制各缸气门的开启和关闭，使其符合发动机的工作顺序、配气相位和气门开度的变化规律等	气缸盖 □ 气门组 □ 气门传动组 □
		与气门导管、气门弹簧座、气缸盖配合，用以固定气门	气缸盖 □ 气门组 □ 气门传动组 □

续表

图片	名称	作用	所属组别
		可将来自凸轮的运动和作用力传递给气门推杆或气门，并承受凸轮轴旋转时所施加的侧向力	气缸盖 □ 气门组 □ 气门传动组 □
		配合凸轮轴适时地打开气门，完成发动机的进气和排气	气缸盖 □ 气门组 □ 气门传动组 □
		用于气门导管的密封，可以防止机油进入进气管和排气管，造成机油流失；防止汽油与空气的混合气体泄漏；防止排放的废气泄漏；防止发动机机油进入燃烧室	气缸盖 □ 气门组 □ 气门传动组 □
		是汽车发动机气门的导向装置，对气门起导向作用，气门杆上的热量经过它传递给气缸盖	气缸盖 □ 气门组 □ 气门传动组 □

七、课堂小结

任务四　进气、排气系统和润滑、冷却系统认识

汽车认识实训任务工单					
任务描述	汽车 VIN 码 □	配气机构 □	曲柄连杆机构 □	进气、排气系统 □	冷却系统 □
	润滑系统 □	燃油供给系统 □	点火系统 □	起动系统 □	传动系统 □
	转向系统 □	行驶系统 □	制动系统 □	电器设备 □	车身附件 □
	其他：				
任务目标	● 能够了解发动机进气、排气系统和润滑、冷却系统的组成及各部件的名称				
任务内容	● 进气、排气系统的组成与作用 ● 润滑、冷却系统的组成与作用				
任务重点	● 进气、排气系统的组成与作用 ● 润滑、冷却系统的组成与作用				
任务难点	● 进气、排气系统的组成 ● 润滑、冷却系统的组成				

一、知识讲解

（一）进气系统

1. 进气系统的作用与分类

进气系统是把空气或混合气导入发动机气缸的零部件的集合体。

按照结构和功能不同，进气系统可分为自然吸气式和涡轮增压式两种，如图 4–1 所示。

自然吸气式

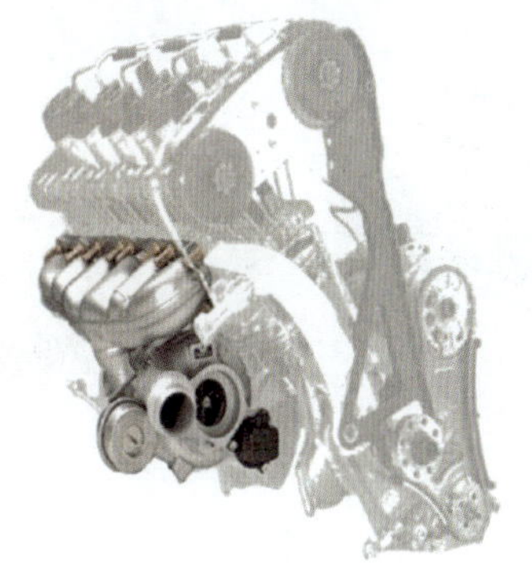

涡轮增压式

图 4-1 进气系统的分类

2. 进气系统的组成

如图 4-2 所示，发动机进气系统主要由空气滤清器、空气流量计、进气软管、节气门、进气歧管等组成，个别车型发动机进气系统还包括进气压力传感器、涡轮增压器等。

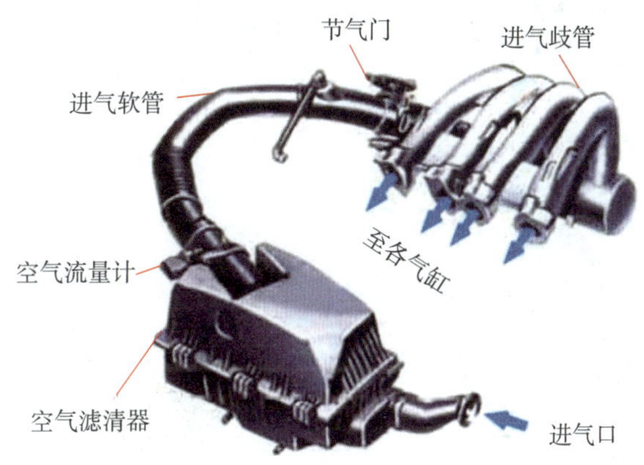

图 4-2 进气系统的组成

空气滤清器（见图 4-3）主要由外壳和滤芯两部分组成。空气滤清器的前端吸入空气，其主要作用是把空气中的尘土分离出来，保证供给气缸足够量的清洁空气。空气滤清器外壳的作用是存放空气滤芯。空气滤芯有两种形式，分别是干式滤芯和湿式滤芯，如图 4-4、图 4-5 所示。

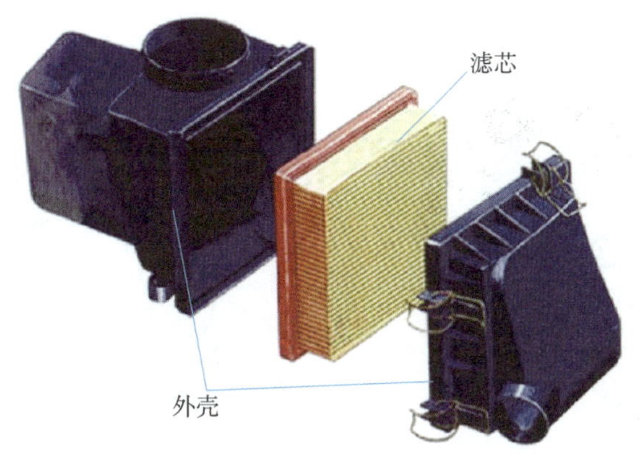

图 4-3 空气滤清器

图 4-4　干式滤芯　　图 4-5　湿式滤芯

空气流量计是将吸入的空气流量转换成电信号的器件。常用的空气流量计有热线式、热膜式、卡门漩涡式和叶片式等，如图 4-6 所示。

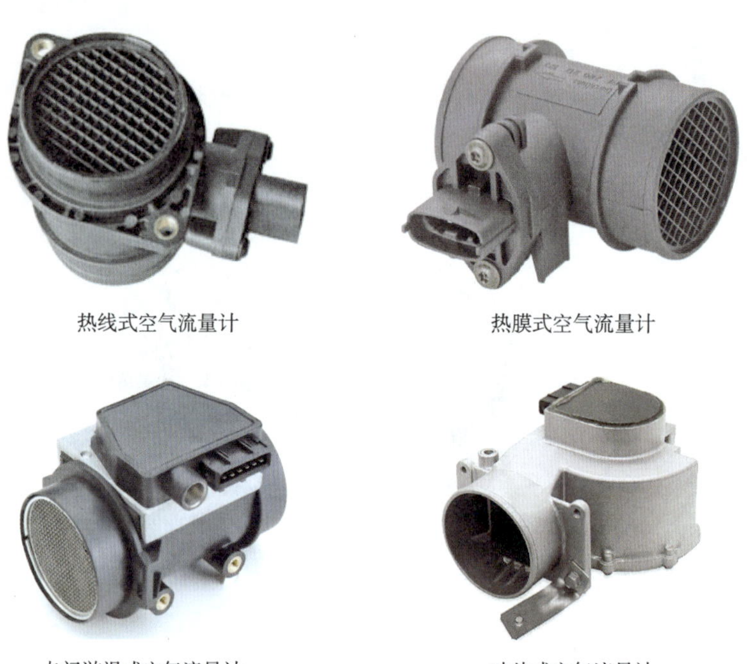

热线式空气流量计　热膜式空气流量计

卡门漩涡式空气流量计　叶片式空气流量计

图 4-6　常用的空气流量计

进气压力传感器（见图 4-7）以真空管连接进气歧管，随着发动机负荷的变化，感应进气歧管内的真空变化，为发动机控制单元提供修正喷油量和点火正时的参考信号。

图 4-7　进气压力传感器

节气门（见图 4-8）是控制空气进入发动机的一道可控阀门，它上接空气滤清器，下接发动机进气管，被称为汽车发动机的咽喉。

图 4-8 节气门

节气门有传统拉线式和电子式等（见图 4-9）。

传统拉线式

电子式

图 4-9 节气门的类型

传统拉线式节气门操纵机构是通过拉索（软钢丝）或者拉杆工作，一端连接加速踏板，另一端连接节气门连动板。

电子式节气门主要根据发动机所需能量，通过节气门位置传感器来控制节气门的开启角度，从而调节进气量的大小。

进气歧管（见图 4-10）是从节气门体之后到气缸盖进气道之前的进气管路，它的作用是将空气、燃油混合气由节气门体分配到各缸进气道。

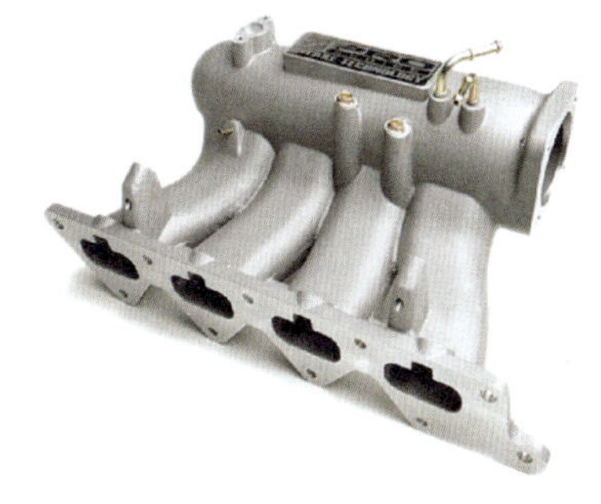

图 4-10 进气歧管

涡轮增压器（见图 4–11）实际上是一种空气压缩机，通过压缩空气来增加进气量。它是利用发动机排出废气的惯性冲力来推动涡轮室内的涡轮，涡轮又带动同轴的叶轮，叶轮压送由空气滤清器管道送来的空气，使之增压后进入气缸。

图 4–11　涡轮增压器

（二）排气系统

1. 排气系统的作用

发动机产生的废气要经过排气系统排入大气中。

排气系统的作用是汇集各气缸的废气，减小排气噪声和消除废气中的火焰，并对废气中的有害物质进行排放控制，使废气安全地排入大气，如图 4–12 所示。

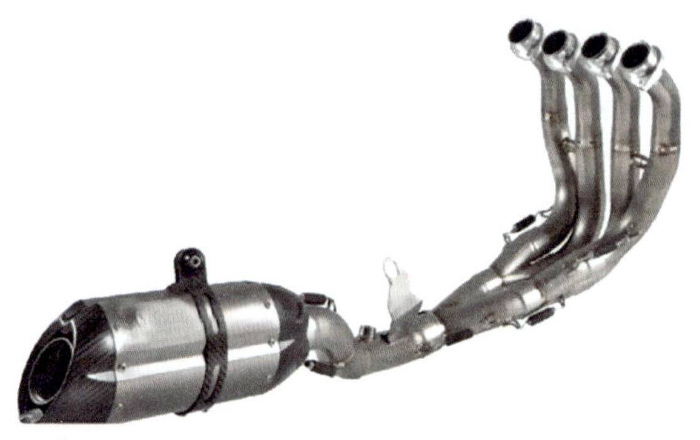

图 4–12　发动机排气系统

2. 排气系统的组成

排气系统包括排气歧管、氧传感器、排气消音器、三元催化转换器、排气管垫等，如图 4–13 所示。

排气歧管的主要作用是排放废气。

氧传感器的主要作用是通过监测排气中的氧含量来获得混合气的实际空燃比信号，并将该信号转变为电信号输入 ECU。ECU 根据氧传感器传来的信号，对喷油时间进行修正，实现空燃比反馈控制，将空燃比控制在 14.7，降低废气中污染物的排放，节约燃油。

排气消音器的主要作用是消除排气噪声。

三元催化转换器的主要作用是改善排放系统标准。

排气管垫主要用于各接口之间的密封，能降低噪声，减少排放。

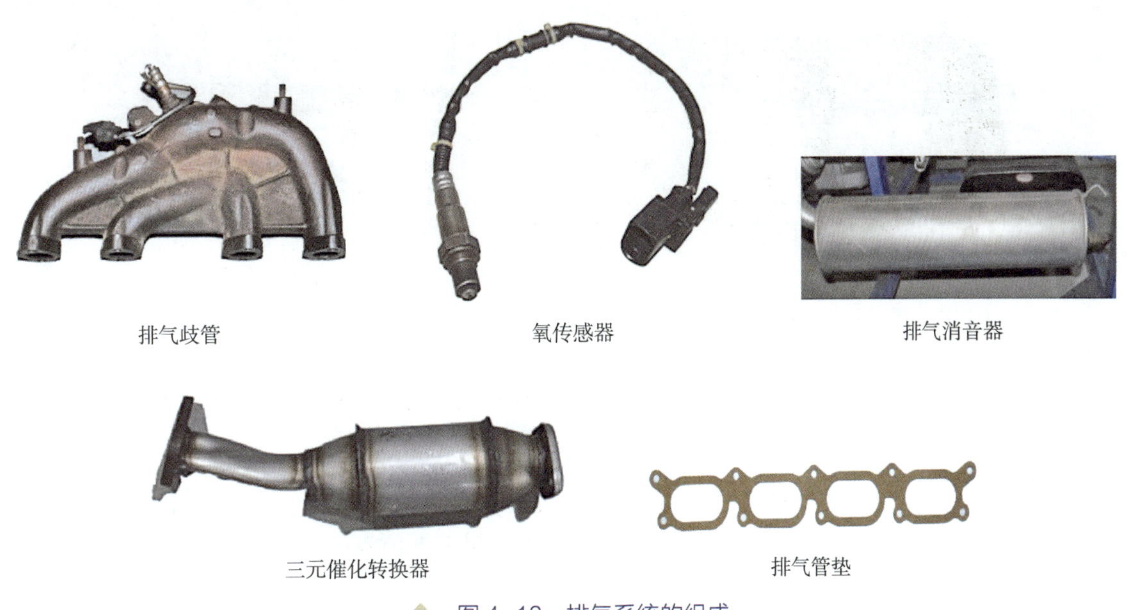

图 4-13 排气系统的组成

（三）润滑系统

1. 润滑系统的作用

润滑系统的作用是将润滑油不断地输送到各零件的摩擦表面，并在摩擦表面之间形成油膜，实现液体摩擦，从而减小摩擦阻力、降低功率消耗、减轻部件磨损，同时，还具有清洁、冷却的作用。

2. 润滑系统的组成

润滑系统主要由油底壳、机油泵、机油滤清器、机油集滤器、机油冷却器、气缸体主油道、气缸盖油道、机油加注口、机油尺等组成，如图 4-14 所示。

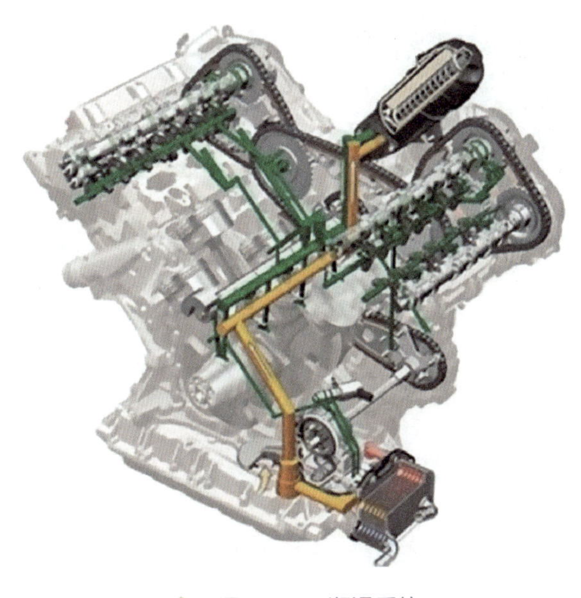

图 4-14 润滑系统

油底壳是存储润滑油的容器，按照材质不同可分为铁质油底壳和铝质油底壳，如图 4–15、图 4–16 所示。

图 4–15　铁质油底壳

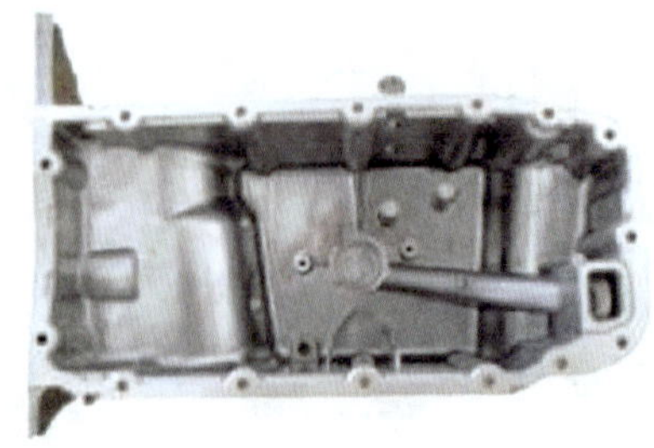
图 4–16　铝质油底壳

机油泵的作用是提高机油压力，将机油输送到发动机的各摩擦表面，同时促进机油的循环流动，如图 4–17 所示。

机油滤清器的作用是滤去机油本身和混入机油的机械杂质以及机油本身生成的胶质，防止机械杂质随机油流到零件摩擦表面，形成磨料磨损或堵塞管道。机油滤清器一般有两种形式，一种是机油滤清器总成，另一种是机油纸质滤芯，如图 4–18 所示。

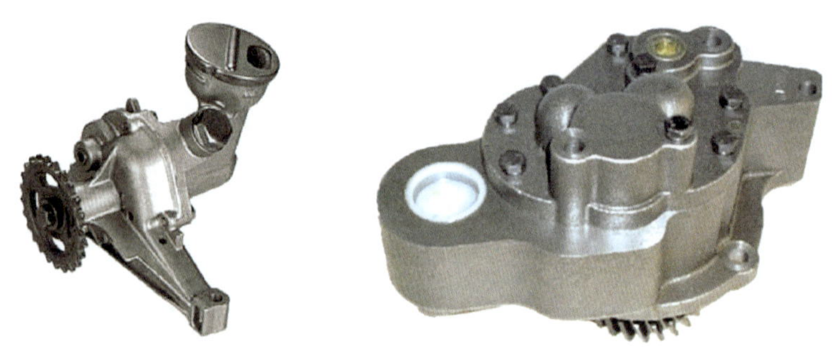
图 4–17　机油泵

机油滤清器总成

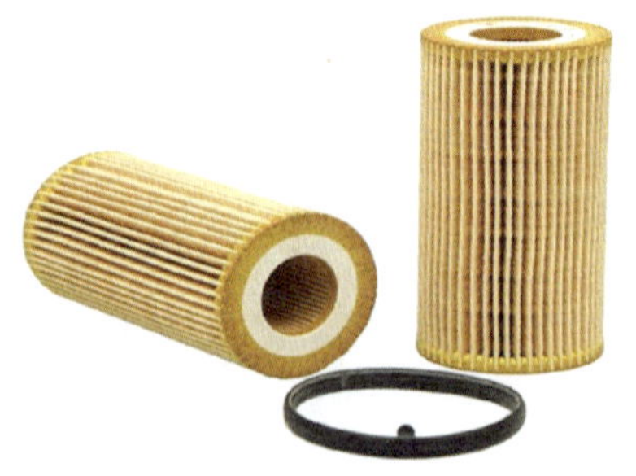
机油纸质滤芯

图 4–18　机油滤清器的类型

机油集滤器是用金属丝编织的滤网，是润滑系统的进口，用来滤除润滑油中粗大的杂质，防止其进入机油泵，如图 4–19 所示。

机油冷却器是用来散去机油吸收的热量，使机油温度保持在 70 ~ 90 ℃，并使机油黏度不至于发生过大变化，确保机件正常润滑。机油冷却器按照冷却方式不同可分为风冷式和水冷式两种，如

图 4–20、图 4–21 所示。

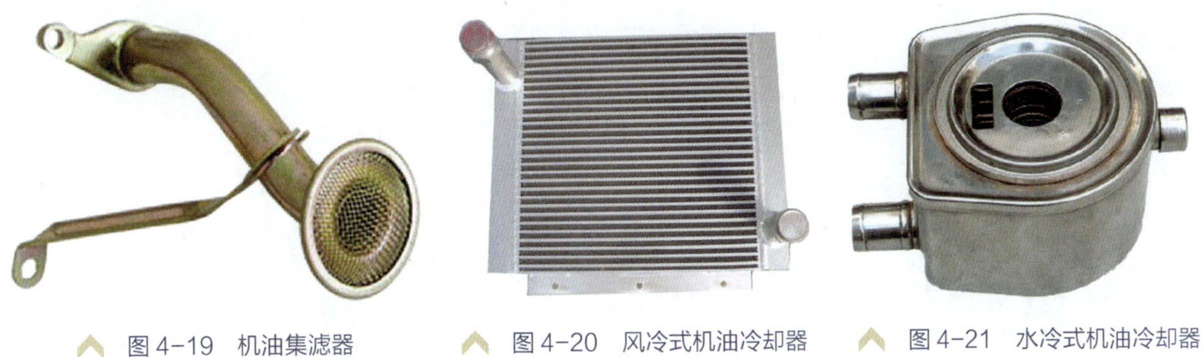

图 4–19 机油集滤器　　图 4–20 风冷式机油冷却器　　图 4–21 水冷式机油冷却器

机油尺（见图 4–22）可以检查机油液面高度。

通过机油加注口能向发动机内部加注机油，并可用机油加注口盖（见图 4–23）将其盖住。

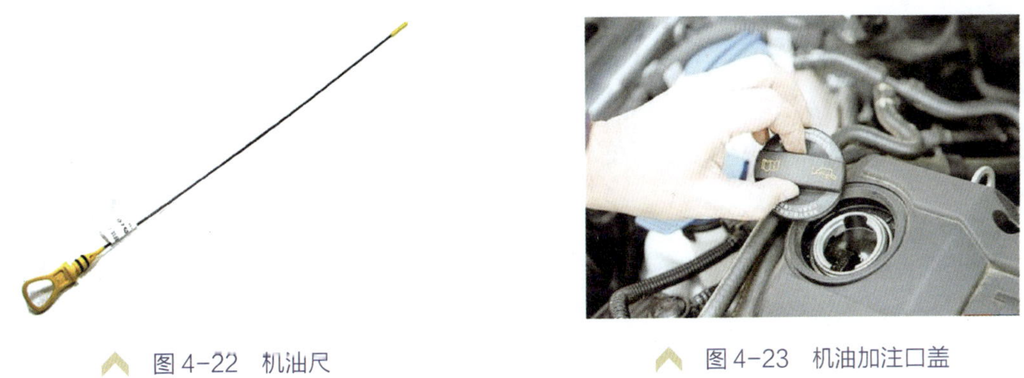

图 4–22 机油尺　　图 4–23 机油加注口盖

（四）冷却系统

1. 冷却系统的作用

冷却系统可以使发动机始终保持在合适的工作温度范围内。冷却系统既要防止发动机过热，又要防止发动机过冷，如图 4–24 所示。

2. 冷却系统的组成

发动机冷却系统主要由散热器、发动机水套、水泵、节温器、水管、冷却风扇和膨胀水箱等组成，如图 4–25 所示。

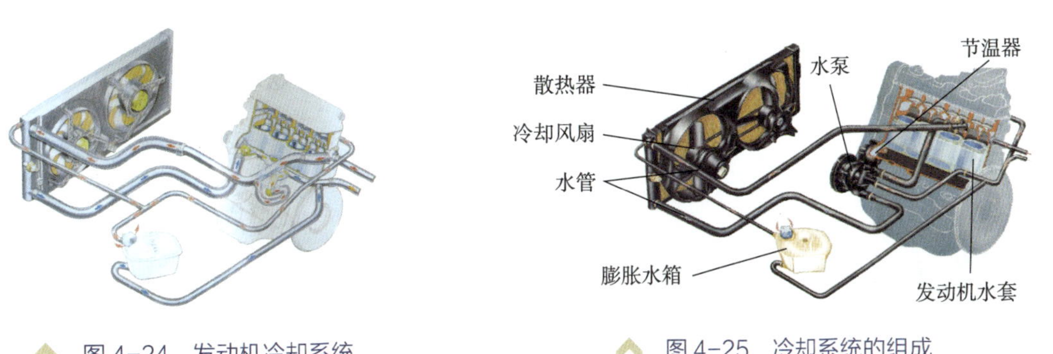

图 4–24 发动机冷却系统　　图 4–25 冷却系统的组成

散热器（见图 4–26）的作用是散发热量。冷却液在水套中吸收热量，流到散热器后使热量散去，再回到水套内循环，以达到循环降温的目的。

冷却风扇（见图 4–27）的作用是对发动机水套流出的冷却液进行降温。冷却风扇安装在发动机散热器后面，可加强散热器的通风量，从而达到降温的目的。

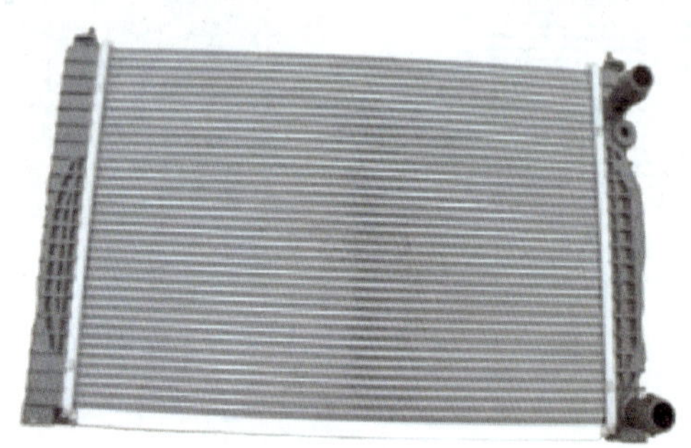

图 4–26 散热器

图 4–27 冷却风扇

发动机冷却液的流动是靠水泵（见图 4–28）工作实现的，发动机通过传动带轮带动水泵轴承及叶轮转动，水泵中的冷却液被叶轮带动一起旋转，然后从出水道或水管流出，而另一侧进水口将冷却液吸入，从而实现冷却液的往复循环。

图 4–28 水泵

节温器（见图 4–29）可以控制冷却液循环路径，保证发动机始终处于正常工作温度范围内。它根据冷却液温度的高低自动调节进入散热器的水量，改变水的循环范围，以调节冷却系统的散热能力，保证发动机在合适的温度范围内工作。

膨胀水箱（见图 4–30）用来储存因温度升高而膨胀的冷却液，还可以用来加注冷却液。如果冷却液过少，可以从膨胀水箱将冷却液加进去。

图 4–29 节温器

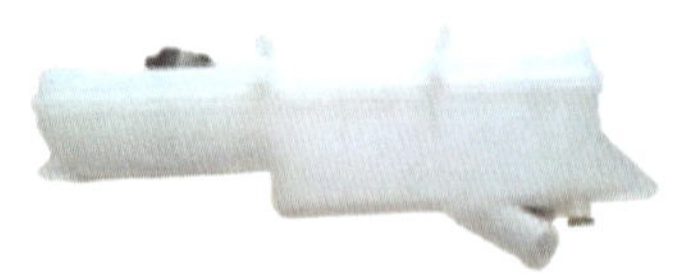

图 4–30 膨胀水箱

二、任务准备

在下列图片中勾选出完成本任务所需的工具、设备等。

 工作台	 抹布	 备件车	 发动机台架
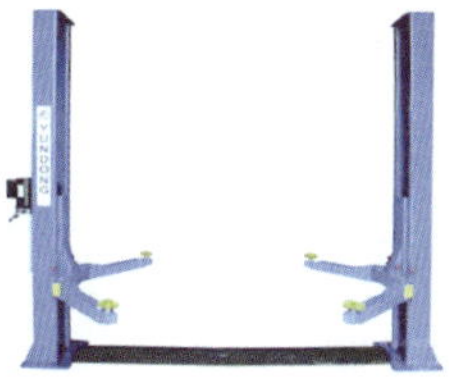 举升机	 实训整车	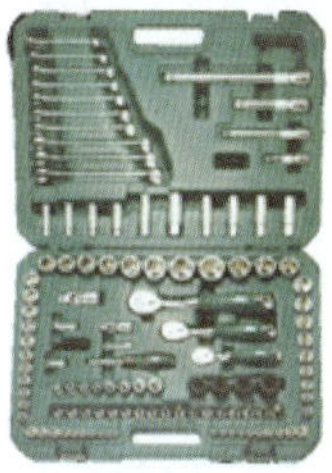 工具套件	 直尺

 空气滤芯	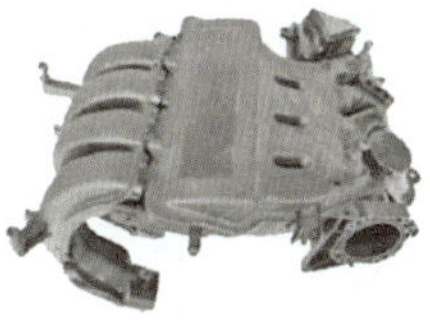 排气歧管	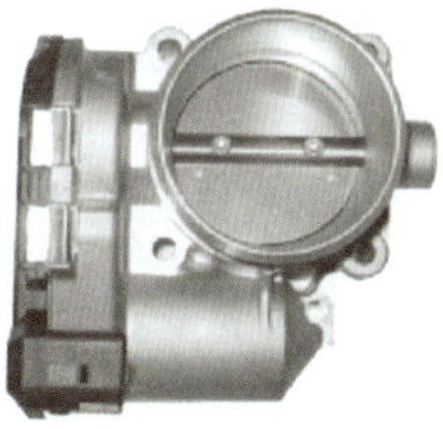 节气门	 机油滤清器	 三元催化转换器
 节温器	 散热器	 涡轮增压器	 冷却风扇	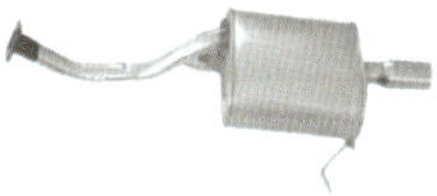 排气消音器

 膨胀水箱	 机油泵	 氧传感器	 空气流量计

三、防护措施

1. 进入车间应穿工鞋、戴工帽；工作服应整洁、无破损；操作时不可佩戴手表等金属饰品，以防划伤车辆表面。

2. 使用举升机举升车辆时应严格按照举升机使用方法进行操作，并通知其他人员远离举升设备。

3. 在搬运重物及尖锐器物时，应注意动作和姿势，防止扭伤腰部、砸伤脚部、划伤手部等。

4. 操作过程中应做到油品、工具、配件三不落地，作业完毕后及时清理车间工作场地，做到现场6S管理规范。

5. 工作时车间内的任何工具、零部件、设备、车辆都不能随意摆放，工作结束后应摆放回指定地点保管。

6. 车间应配有干粉灭火器及相应消防措施，易燃油品应存放在密封的金属罐中。

四、任务分配（见表4-1）

表4-1 任务分配表

职务	代码	姓名	工作内容
组长	A		监督、管理组员工作
组员	B		准备实训所需资料
	C		
	D		准备实训所需工具、设备
	E		

五、任务实施

完成表4-2至表4-5中空白项目的填写。

表4-2 进气系统的认识

图片	名称	是否找到	安装位置
		是□ 否□	空气流量计 进气管 PCV阀 节气门怠速开度控制传感器 空气滤清器 怠速阀 进气歧管 进气总管
		是□ 否□	

续表

图片	名称	是否找到	安装位置
		是□ 否□	空气流量计 进气管 PCV阀 节气门怠速开度控制传感器 空气滤清器 怠速阀 进气歧管 进气总管
		是□ 否□	
		是□ 否□	
		是□ 否□	

表 4-3 排气系统的认识

图片	名称	是否找到	安装位置
		是□ 否□	排气消音器 发动机 氧传感器 排气管口 三元催化转换器 排气歧管
		是□ 否□	

续表

图片	名称	是否找到	安装位置
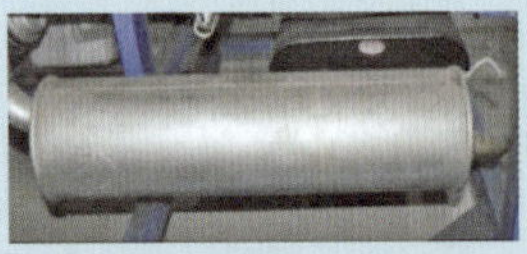		是□ 否□	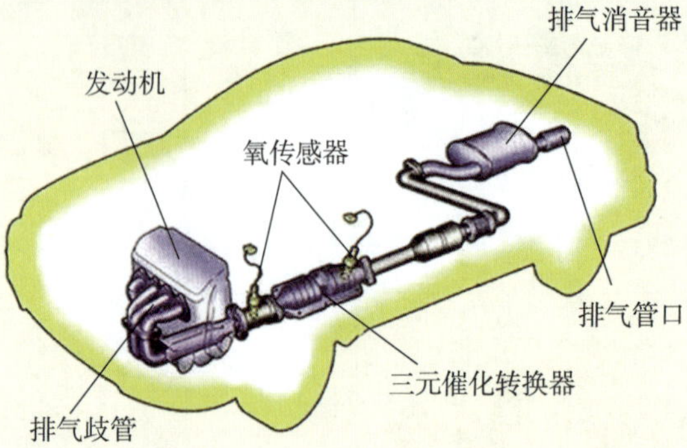排气消音器 发动机 氧传感器 排气管口 三元催化转换器 排气歧管
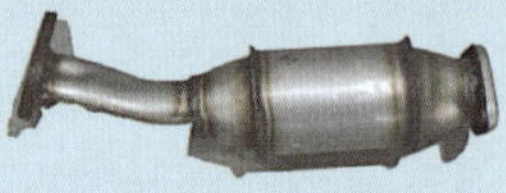		是□ 否□	
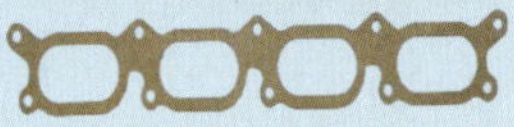		是□ 否□	

表 4-4　润滑系统的认识

图片	名称	是否找到	安装位置
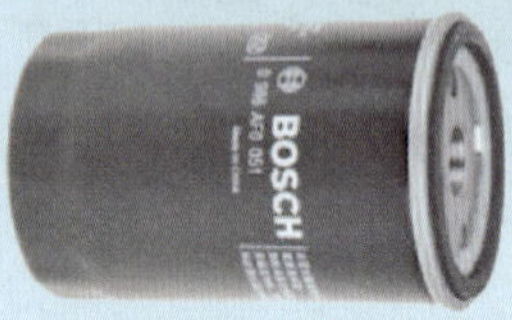BOSCH		是□ 否□	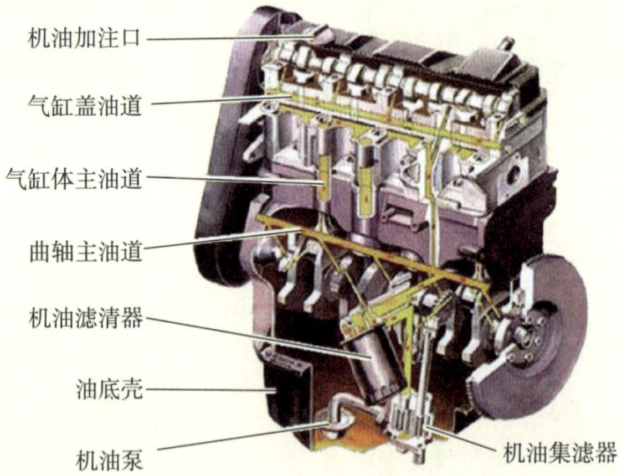机油加注口 气缸盖油道 气缸体主油道 曲轴主油道 机油滤清器 油底壳 机油泵 机油集滤器
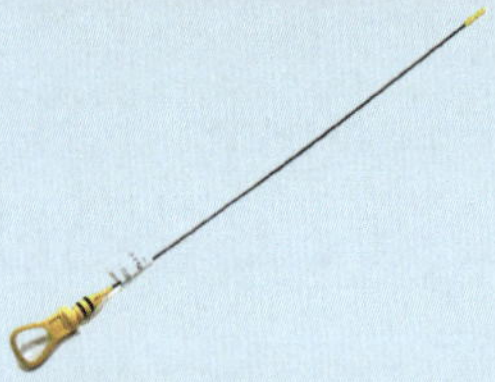		是□ 否□	
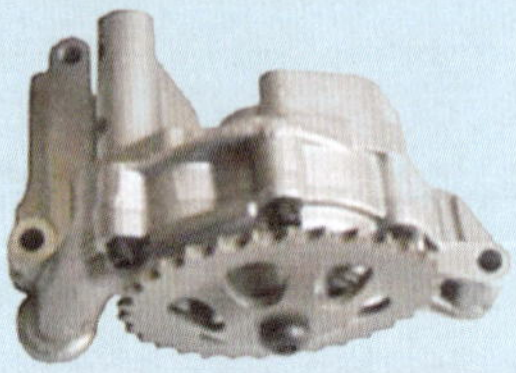		是□ 否□	
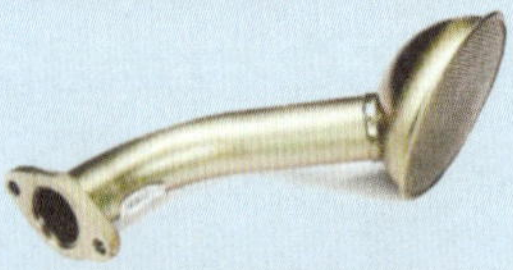		是□ 否□	
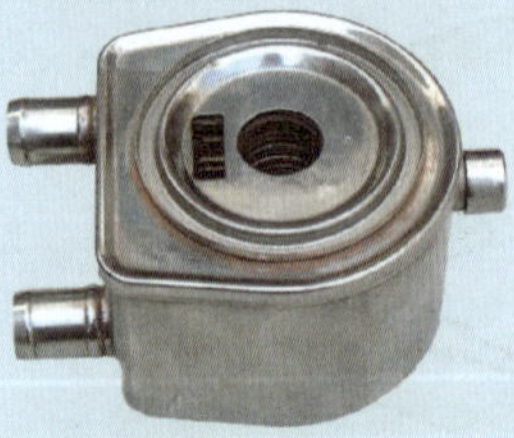		是□ 否□	
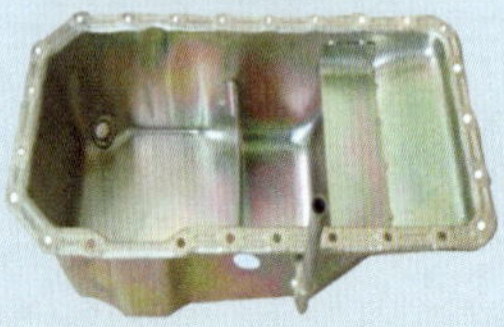		是□ 否□	

表 4-5 冷却系统的认识

图片	名称	是否找到	安装位置
		是□ 否□	散热器 冷却风扇 水管 膨胀水箱 水泵 节温器 发动机水套
		是□ 否□	
		是□ 否□	
		是□ 否□	
		是□ 否□	

六、检查

结合任务实施结果，在表 4-6 中填写相应元件的名称并勾选其所属组别。

表 4-6 检查

图片	名称	作用	所属组别
		控制进入发动机的空气流量	进气系统 □ 排气系统 □ 润滑系统 □ 冷却系统 □

续表

图片	名称	作用	所属组别
		进一步滤除机油中的颗粒物、机械杂质和机油氧化物	进气系统 □ 排气系统 □ 润滑系统 □ 冷却系统 □
		储存冷却液	进气系统 □ 排气系统 □ 润滑系统 □ 冷却系统 □
		降低废气中有害污染物的排放	进气系统 □ 排气系统 □ 润滑系统 □ 冷却系统 □
		控制冷却液循环路径，保证发动机始终处于正常工作温度范围内	进气系统 □ 排气系统 □ 润滑系统 □ 冷却系统 □
		对发动机水套流出的冷却液进行降温	进气系统 □ 排气系统 □ 润滑系统 □ 冷却系统 □
		将空气、燃油混合气均匀地分配给各气缸	进气系统 □ 排气系统 □ 润滑系统 □ 冷却系统 □

续表

图片	名称	作用	所属组别
		利用排气气体动力增加进气压力和进气量	进气系统 □ 排气系统 □ 润滑系统 □ 冷却系统 □
		对冷却液进行加压，保证循环冷却	进气系统 □ 排气系统 □ 润滑系统 □ 冷却系统 □
		把空气中的尘土分离出来，保证供给气缸足够量的清洁空气	进气系统 □ 排气系统 □ 润滑系统 □ 冷却系统 □
		对发动机水套流出的冷却液进行降温	进气系统 □ 排气系统 □ 润滑系统 □ 冷却系统 □
		消除排气噪声	进气系统 □ 排气系统 □ 润滑系统 □ 冷却系统 □

七、课堂小结

任务五　燃油供给系统、点火系统和起动系统认识

汽车认识实训任务工单	
任务描述	汽车 VIN 码 □　配气机构 □　曲柄连杆机构 □　进气、排气系统 □　冷却系统 □ 润滑系统 □　燃油供给系统 □　点火系统 □　起动系统 □　传动系统 □ 转向系统 □　行驶系统 □　制动系统 □　电器设备 □　车身附件 □ 其他：
任务目标	● 能够了解燃油供给系统、点火系统和起动系统的组成与作用
任务内容	● 燃油供给系统的组成、作用与分类 ● 点火系统的组成、作用与分类 ● 起动系统的组成与作用
任务重点	● 燃油供给系统的组成与作用 ● 点火系统的组成与作用 ● 起动系统的组成与作用
任务难点	● 燃油供给系统的组成 ● 点火系统的组成 ● 起动系统的组成

一、知识讲解

（一）燃油供给系统

1．燃油供给系统的作用与分类

燃油供给系统（见图 5–1）简称供油系统，它的作用是向发动机提供混合气燃烧所需要的燃油。目前，汽油机的燃油供给系统有化油器式燃油供给系统、汽油喷射式燃油供给系统，现代燃油供给系统多采用电子控制分配式燃油供给装置。

图 5-1　燃油供给系统

2. 燃油供给系统的组成

燃油供给系统包括油箱、电动汽油泵、汽油滤清器、燃油分配管、喷油器、供油架和燃油压力调节器等。除此之外，为了防止造成燃油蒸气对空气的污染和燃油浪费，燃油系统还装有活性炭罐及电磁控制阀。

油箱是用来存放燃料的，按照材质不同可分为金属材质油箱和工程塑料油箱，如图 5-2a 所示。

电动汽油泵的功用是将汽油从油箱内吸出，经过管路输送给发动机。汽油泵通常与汽油泵总成集成在一起，如图 5-2b 所示。

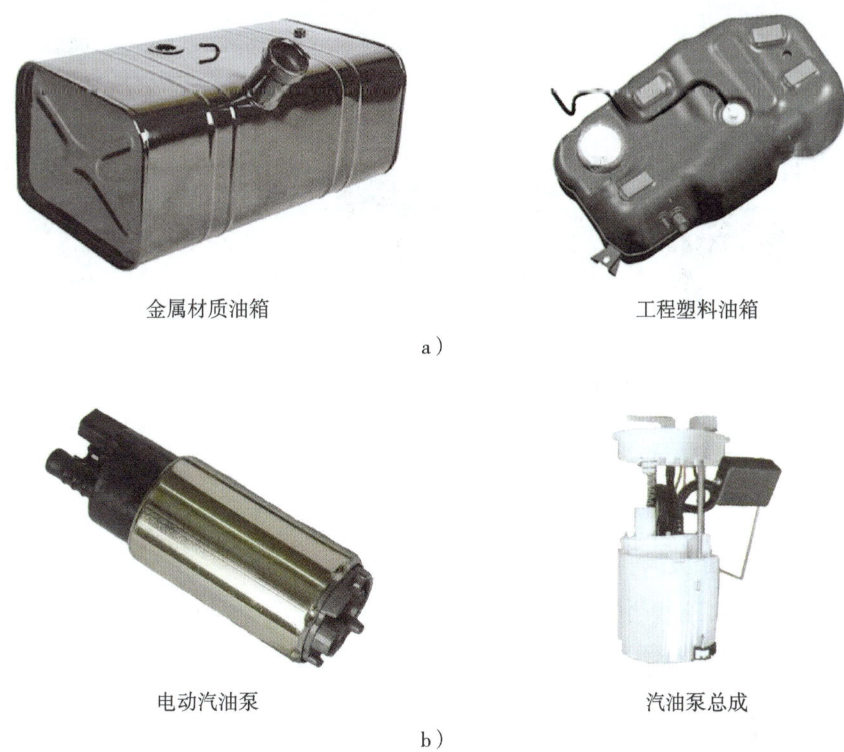

图 5-2　燃油供给系统部分组件

a）油箱　b）汽油泵

汽油过滤装置的主要功用是过滤燃油中较大的颗粒物质和杂质，防止大颗粒物质及杂质进入燃油供给系统，对汽油泵、喷油器或其他零件造成损伤。

汽油滤清器按照安装位置不同可分为两种，在汽油泵前端的称为汽油集滤器，它是燃油进入系统的第一道保障；在汽油泵后端的称为汽油滤清器，它一般安装在管路中，如图 5-3 所示。

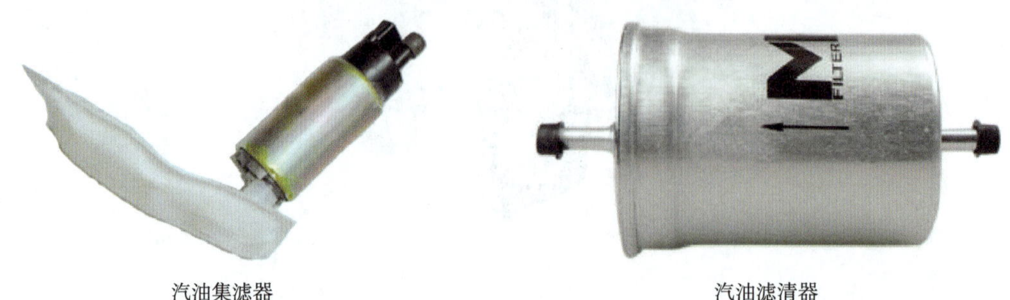

图 5-3　汽油滤清器的种类

燃油分配管又称油轨，其主要功用是连接油管和喷油器，用于储存和分配汽油，并消除汽油压力波动。燃油分配管由进油口、回油口、燃油压力调节器等组成，如图 5-4a 所示。

喷油器的主要功用是将经 ECU 精确计量的燃油在合适的时间喷入进气道或气缸内，如图 5-4b 所示。

活性炭罐的主要作用是收集燃油蒸气，然后经发动机进气管将燃油蒸气送入发动机气缸内。活性炭罐电磁阀的主要作用是在有需要时接通活性炭罐与进气管，将收集到的燃油蒸气送入发动机气缸。

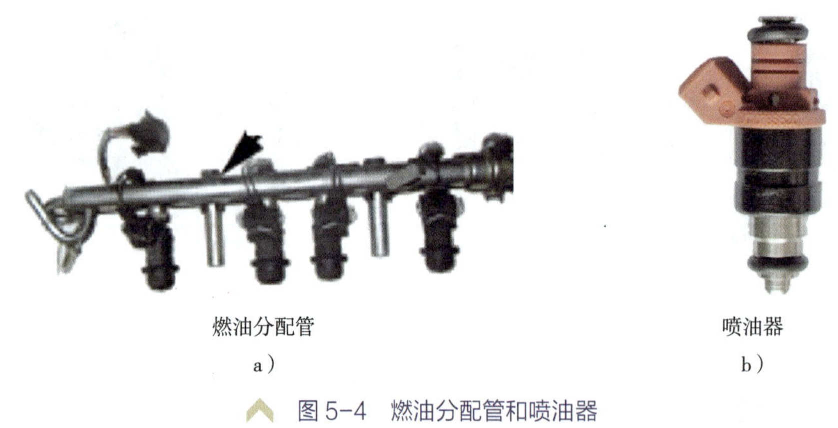

图 5-4　燃油分配管和喷油器

（二）点火系统

1. 点火系统的作用与分类

点火系统的作用是在火花塞两电极之间产生电火花。

点火系统可分为传统点火系统和电子点火系统。

2. 点火系统的组成

传统点火系统通常由蓄电池、发电机、分电器、点火线圈和火花塞等组成。

电子点火系统主要由电控单元、点火线圈、高压缸线、火花塞、凸轮轴位置传感器、曲轴位置传感器和相关传感器等组成。现代汽车均采用电子点火系统。

电控单元的作用是根据发动机各传感器输入的信息和内存的数据及程序，进行运算、处理、判断，然后输出指令控制电子点火控制器，达到准确控制发动机点火的目的，如图 5-5 所示。

图 5-5 电控单元

点火线圈是产生高压火花的装置，根据点火形式和点火线圈结构不同可分为独立点火线圈和分组点火线圈两种，如图 5-6 所示。

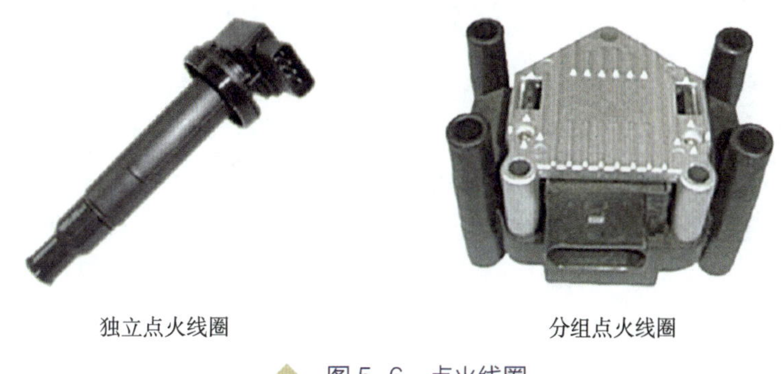

独立点火线圈　　分组点火线圈

图 5-6 点火线圈

高压缸线（见图 5-7a）的主要作用是将点火线圈的高压电传输给火花塞（见图 5-7b）。对于独立点火系统来说，没有高压缸线。

凸轮轴位置传感器（见图 5-7c）是一个气缸判别定位装置，主要用途是向 ECU 输入凸轮轴位置信号，是点火控制的主控信号。曲轴位置传感器（见图 5-7d）的作用是确定曲轴的位置，即曲轴的转角。

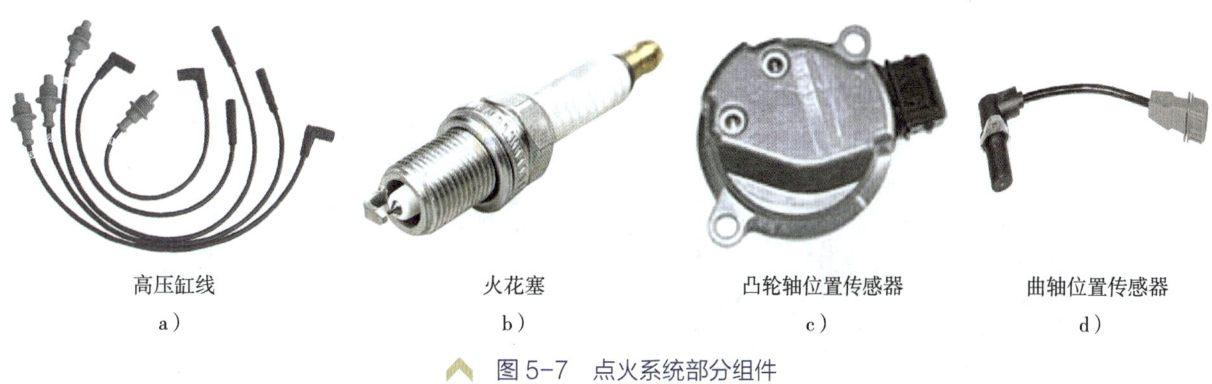

高压缸线 a）　火花塞 b）　凸轮轴位置传感器 c）　曲轴位置传感器 d）

图 5-7 点火系统部分组件

（三）起动系统

1. 起动系统的作用

起动系统的主要作用是给发动机一个初始运转动力，使发动机顺利过渡到正常运转状态。

2. 起动系统的组成

起动系统主要由起动机、起动继电器、蓄电池、点火开关及导线组成，如图 5-8 所示。

起动机（见图 5-9）的作用是当点火开关打到启动位置时，其能够将电能转化为机械能，从而启动发动机。

起动继电器在起动系统中起电流开关、保护电路的作用，如图 5-10 所示。

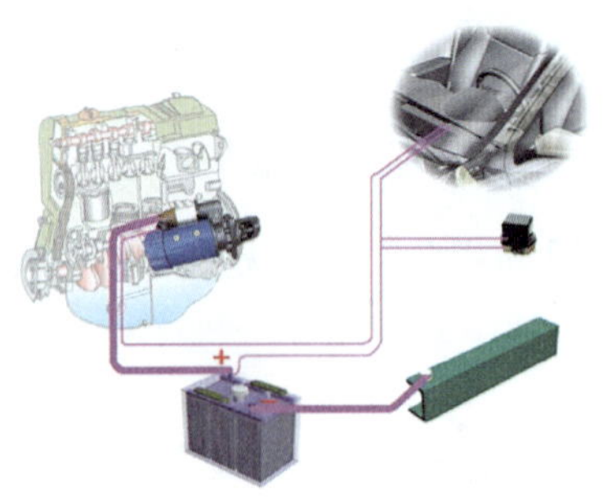

图 5-8　起动系统

图 5-9　起动机

图 5-10　起动继电器

蓄电池的作用是将化学能转化为电能，给起动机提供运转所需的能量。蓄电池可分为干荷式蓄电池、湿荷式蓄电池和免维护蓄电池三种，如图 5-11、图 5-12、图 5-13 所示。

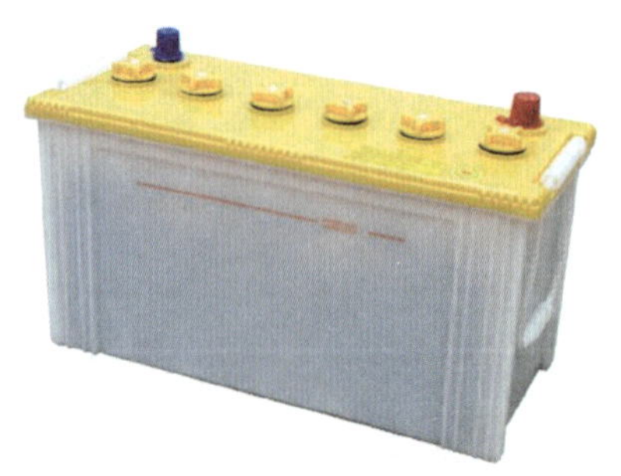

图 5-11　干荷式蓄电池

图 5-12　湿荷式蓄电池

图 5-13　免维护蓄电池

点火开关是点火系统和起动系统的开关，可自由开启或关闭点火系统与起动系统的主要电路。点火开关分为常规钥匙启动和一键启动，如图 5-14、图 5-15 所示。

图 5-14　常规钥匙启动点火开关

图 5-15　一键启动点火开关

二、任务准备

在下列图片中勾选出完成本任务所需的工具、设备等。

工作台	备件车	发动机台架	工具车
举升机	实训整车	工具套件	抹布

汽油泵	汽油滤清器	喷油器	燃油分配管	燃油压力调节器
点火线圈	火花塞	电控单元	凸轮轴位置传感器	曲轴位置传感器

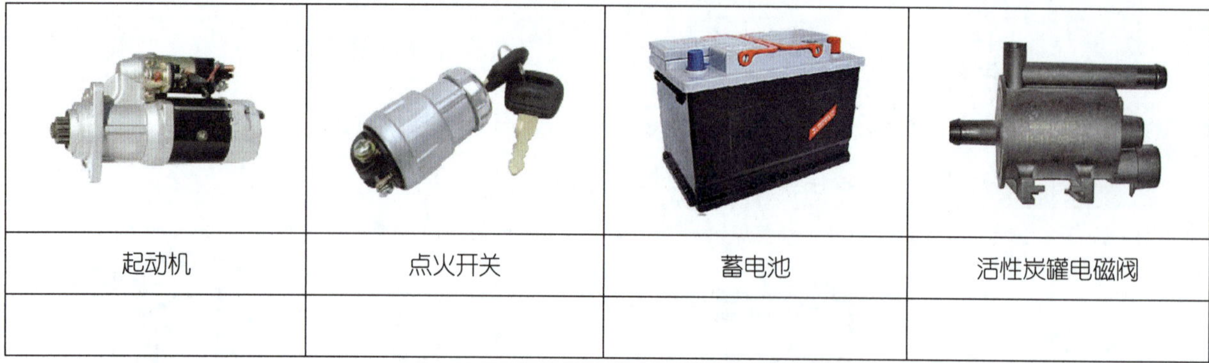

起动机	点火开关	蓄电池	活性炭罐电磁阀

三、防护措施

1. 进入车间应穿工鞋、戴工帽；工作服应整洁、无破损；操作时不可佩戴手表等金属饰品，以防划伤车辆表面。

2. 使用举升机举升车辆时应严格按照举升机使用方法进行操作，并通知其他人员远离举升设备。

3. 在搬运重物及尖锐器物时，应注意动作和姿势，防止扭伤腰部、砸伤脚部、划伤手部等。

4. 操作过程中应做到油品、工具、配件三不落地，作业完毕后应及时清理车间工作场地，做到现场 6S 管理规范。

5. 工作时车间内的任何工具、零部件、设备、车辆都不能随意摆放，工作结束后应摆放回指定地点保管。

6. 车间应配有干粉灭火器及相应消防措施，易燃油品应存放在密封的金属罐中。

四、任务分配（见表 5-1）

表 5-1　任务实施表

职务	代码	姓名	工作内容
组长	A		监督、管理组员工作
组员	B		准备实训所需资料
	C		
	D		准备实训所需工具、设备
	E		

五、任务实施

完成表 5-2 至表 5-4 中空白项目的填写。

表 5-2 燃油供给系统的认识

图片	名称	是否找到	安装位置
		是□ 否□	燃油蒸气回收罐 燃油压力调节器及回油管 油量传感器 汽油泵 空气滤芯 油箱 汽油滤清器 喷油器 发动机
		是□ 否□	
		是□ 否□	
		是□ 否□	

表 5-3 点火系统的认识

图片	名称	是否找到	安装位置
		是□ 否□	点火线圈 电控单元 高压缸线 冷却液温度传感器 凸轮轴位置传感器 曲轴位置传感器 火花塞 爆震传感器
		是□ 否□	

续表

图片	名称	是否找到	安装位置
		是□ 否□	点火线圈 电控单元 高压缸线 冷却液温度传感器 凸轮轴位置传感器 曲轴位置传感器 火花塞 爆震传感器
		是□ 否□	
		是□ 否□	

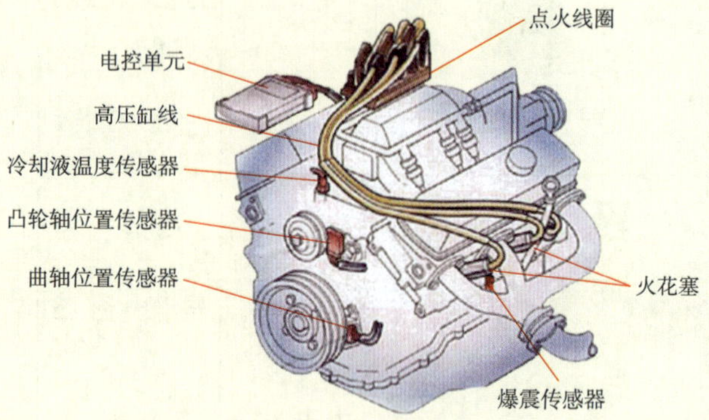

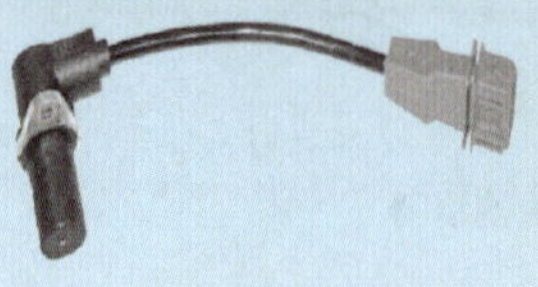

表 5-4 起动系统的认识

图片	名称	是否找到	安装位置
		是□ 否□	起动机 点火开关 起动继电器 蓄电池 车架搭铁
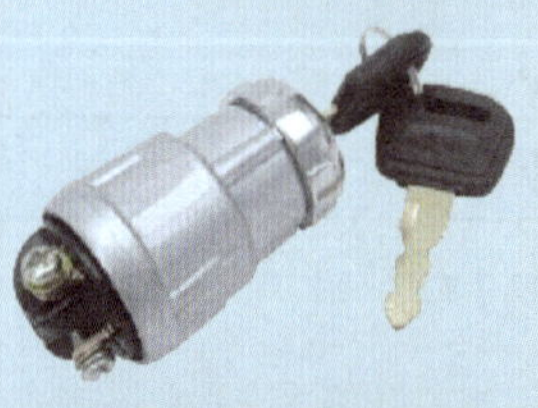		是□ 否□	
		是□ 否□	

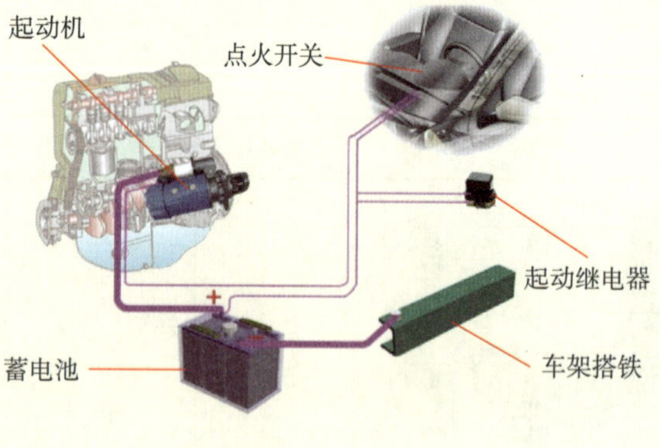

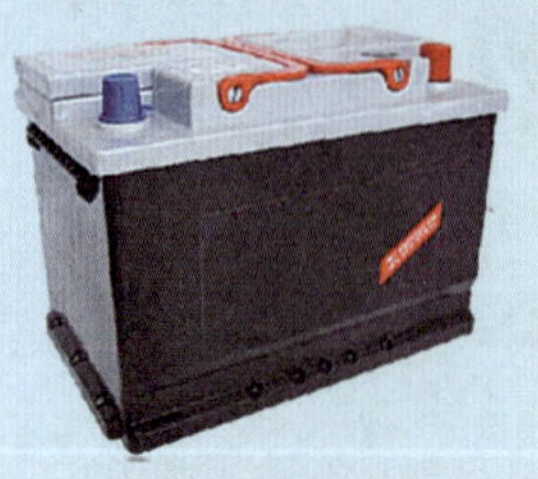

六、检查

结合任务实施结果，在表 5-5 中填写相应元件的名称并勾选其所属组别。

表 5-5 检查

图片	名称	作用	所属组别
		将燃油从油箱内吸出，经过管路输送给发动机	燃油供给系统 □ 起动系统 □ 点火系统 □
		产生高电压、高能量电火花，点燃混合气	燃油供给系统 □ 起动系统 □ 点火系统 □
		将电能转化为机械能，带动曲轴旋转，启动发动机	燃油供给系统 □ 起动系统 □ 点火系统 □
		将点火线圈的高压电传输给火花塞	燃油供给系统 □ 起动系统 □ 点火系统 □
		在有需要时，接通活性炭罐与进气管，将收集到的燃油蒸气送入发动机气缸	燃油供给系统 □ 起动系统 □ 点火系统 □
		根据发动机各传感器输入的信息和内存的数据及程序，进行运算、处理、判断，然后输出指令控制电子点火控制器，达到精确控制发动机点火的目的	燃油供给系统 □ 起动系统 □ 点火系统 □

七、课堂小结

任务六　发动机两大机构、五大系统认识知识检验

汽车认识实训任务工单	
任务描述	汽车 VIN 码 □　配气机构 □　曲柄连杆机构 □　进气、排气系统 □　冷却系统 □ 润滑系统 □　燃油供给系统 □　点火系统 □　起动系统 □　传动系统 □ 转向系统 □　行驶系统 □　制动系统 □　电器设备 □　车身附件 □ 其他：
任务目标	● 能够了解发动机两大机构的名称与作用 ● 能够了解发动机五大系统中润滑系统和冷却系统的特点
任务内容	● 发动机两大机构、五大系统的组成、作用与安装位置
任务重点	● 发动机润滑系统、冷却系统的组成与作用
任务难点	● 发动机两大机构的组成与作用 ● 发动机燃油供给系统的组成与作用

一、知识讲解

曲柄连杆机构主要由机体组、曲轴飞轮组、活塞连杆组三部分组成，如图 6–1 所示。

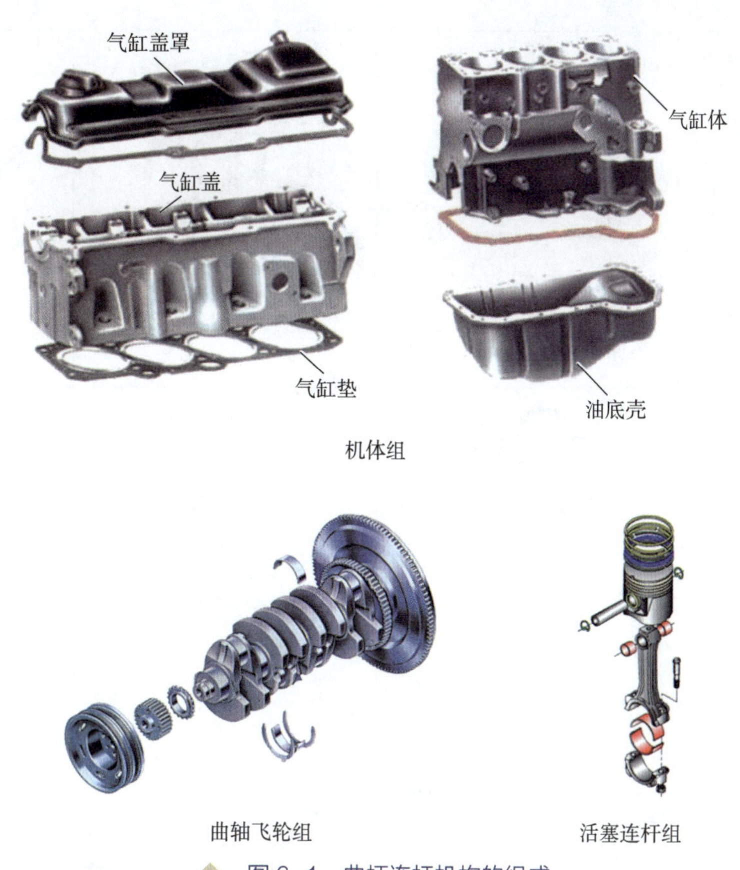

图 6-1 曲柄连杆机构的组成

配气机构主要由气门组、气门传动组两部分组成（见图 6-2）。

图 6-2 配气机构的组成

发动机两大机构、五大系统如图 6-3 所示。

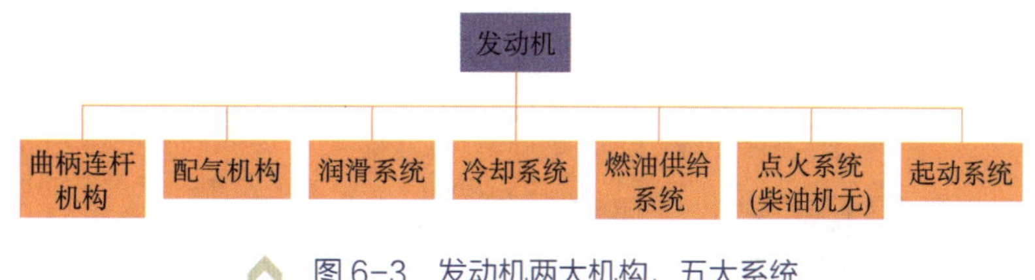

图 6-3 发动机两大机构、五大系统

二、任务准备

在下列图片中勾选出完成本任务所需的工具、设备等。

 工作台	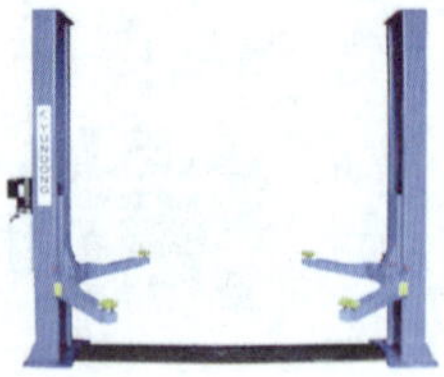 举升机	 备件车	 实训整车

抹布	工具车	发动机台架	手电筒

 汽油滤清器	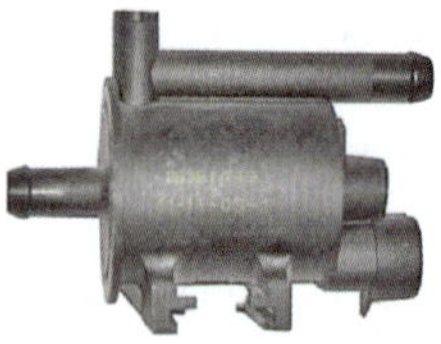 活性炭罐电磁阀	 高压缸线	 起动机	 点火线圈

汽油泵	机油集滤器	机油泵	机油滤清器	气缸盖
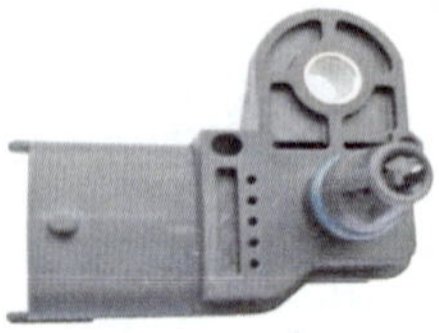				
进气压力传感器	进气歧管	气缸体	传动轮	活塞

连杆	凸轮轴	液压挺柱	气门	气门油封

活塞环	曲轴

三、防护措施

1. 进入车间应穿工鞋、戴工帽；工作服应整洁、无破损；操作时不可佩戴手表等金属饰品，以防划伤车辆表面。

2. 使用举升机举升车辆时应严格按照举升机使用方法进行操作，并通知其他人员远离举升设备。

3. 在搬运重物及尖锐器物时，应注意动作和姿势，防止扭伤腰部、砸伤脚部、划伤手部等。

4. 操作过程中应做到油品、工具、配件三不落地，作业完毕后应及时清理车间工作场地，做到现场 6S 管理规范。

5. 工作时车间内的任何工具、零部件、设备、车辆都不能随意摆放，工作结束后应摆放回指定地点保管。

四、任务分配（见表 6-1）

表 6-1 任务分配表

职务	代码	姓名	工作内容
组长	A		监督、管理组员工作
组员	B		准备实训所需资料
	C		
	D		准备实训所需工具、设备
	E		

五、任务实施

完成表 6-2 至表 6-5 中空白项目的填写。

表 6-2　曲柄连杆机构的认识

图片	名称	作用	安装位置
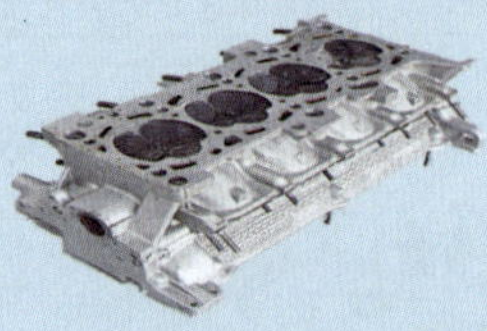		用于密封气缸，与活塞共同形成燃烧空间，并承受高温、高压燃气的作用	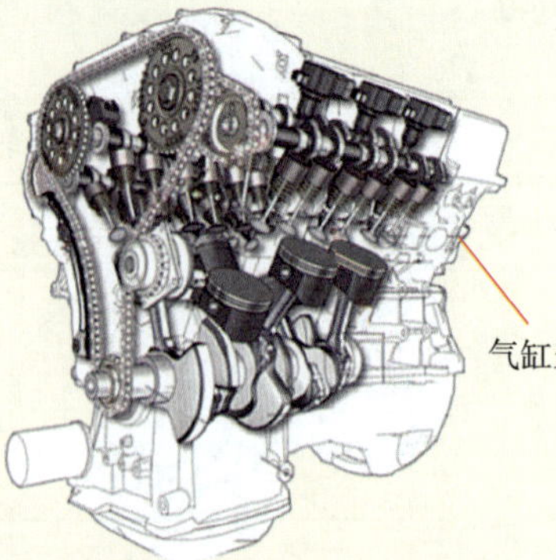 气缸盖
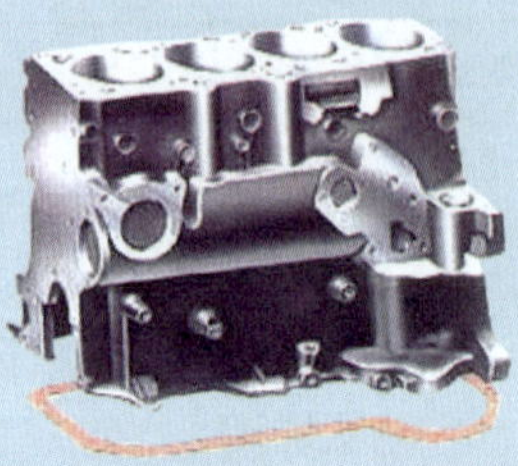		是发动机的主体，它将各个气缸和曲轴箱连成一体，是安装活塞、曲轴以及其他零件和附件的支撑骨架	
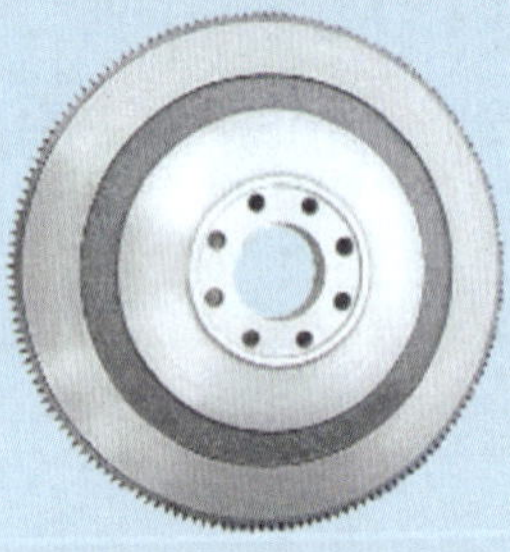	飞轮	储存活塞传递给曲轴的惯性动力	
		将曲轴输出的动力传递给空调压缩机、动力转向泵、水泵、发电机等	安装在发动机前端，气缸体上
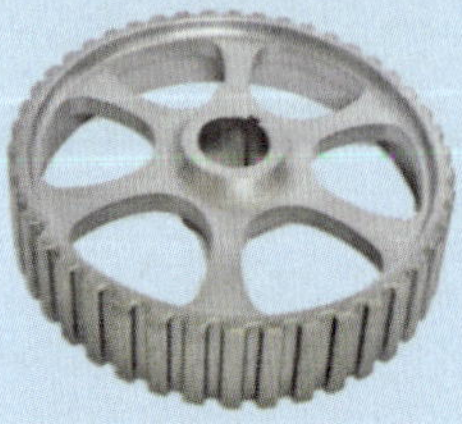		保证发动机运转时的配气相位，使进气门、排气门的开启和关闭与活塞运动相一致	

续表

图片	名称	作用	安装位置
	油泵链轮	用来传递动力，驱动机油泵	略
		曲轴的旋转是发动机的动力源，也是整个机械系统的源动力	略
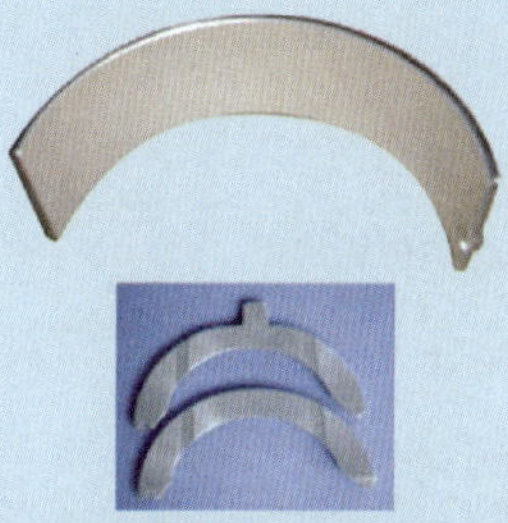		用来固定曲轴，调节曲轴与气缸体之间的间隙，减小摩擦阻力	略
		用来承受气缸内高温、高压混合气的压力	
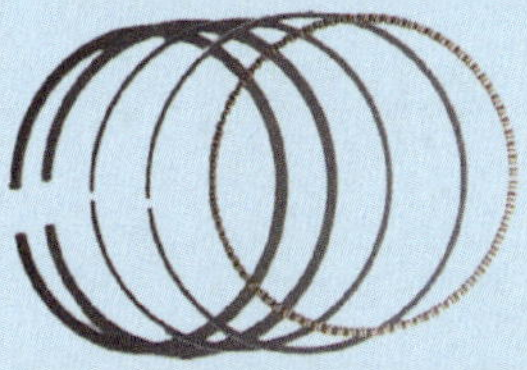	活塞环	用来密封和调节机油，起导热、导向作用	
		用来连接活塞与连杆，并把活塞承受的气体作用力传递给连杆，或使连杆小头带动活塞一起运动	安装在活塞上
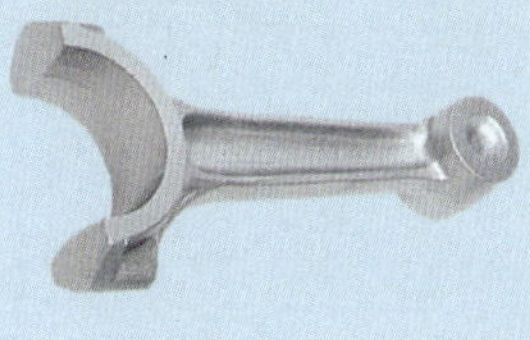	连杆	可以承受活塞传递来的气体压力，并将压力传递给曲轴	

表 6-3　配气机构的认识

图片	名称	作用	安装位置
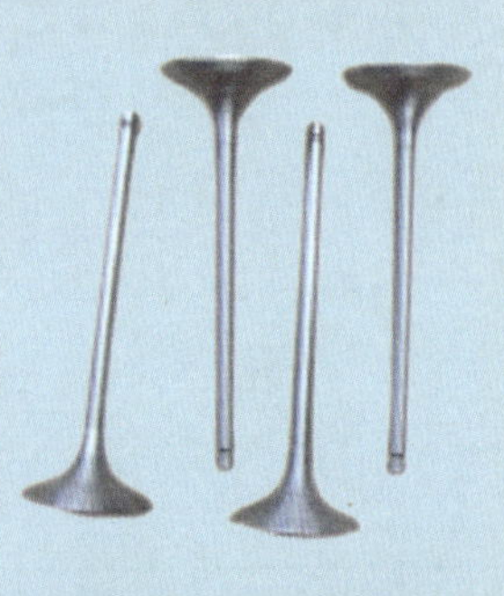		负责向发动机内输入空气并排出燃烧后的废气	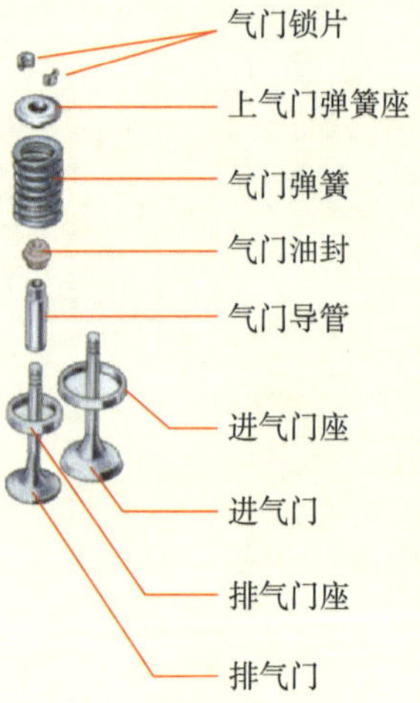 气门锁片 上气门弹簧座 气门弹簧 气门油封 气门导管 进气门座 进气门 排气门座 排气门
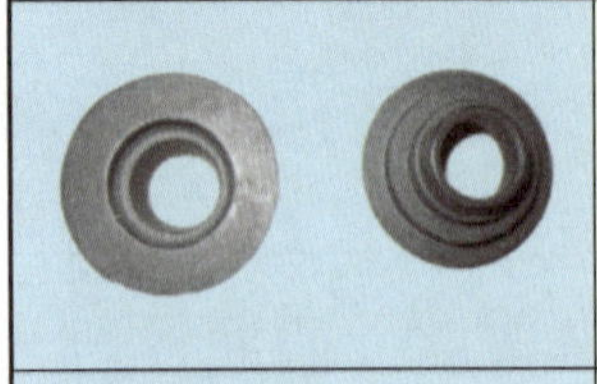		与气门弹簧配合可实现气门的回位	
		与气门弹簧座配合可实现气门的回位	
		用于气门导管的密封，可以防止机油进入进气管和排气管，造成机油流失；防止汽油与空气的混合气体泄漏；防止排放废气泄漏；防止发动机机油进入燃烧室	
		与气门导管、气门弹簧座、气缸盖配合，可以固定气门	
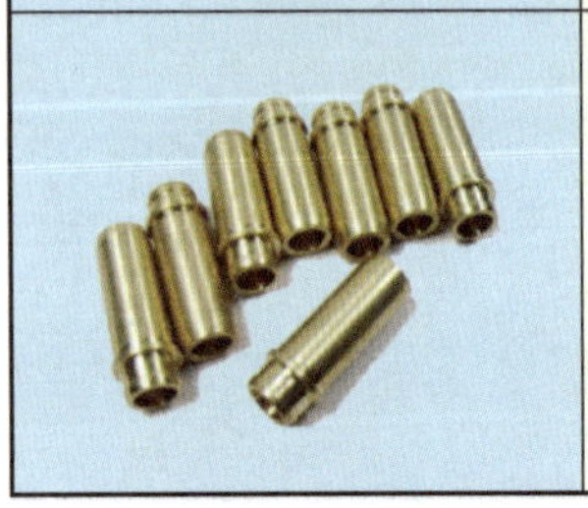		是汽车发动机气门的导向装置，对气门起导向作用，并使气门杆上的热量经过它传给气缸盖	

续表

图片	名称	作用	安装位置
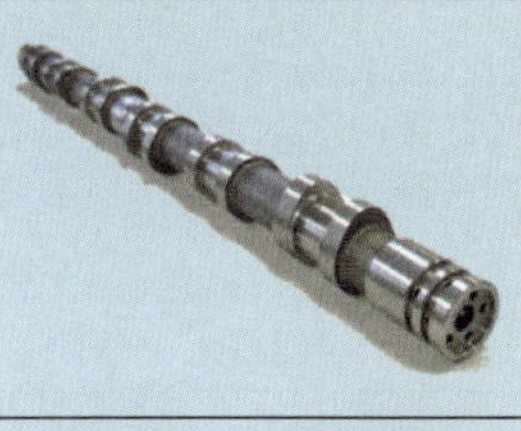		驱动和控制各缸气门的开启和关闭，使其符合发动机的工作顺序、配气相位和气门开度的变化规律等	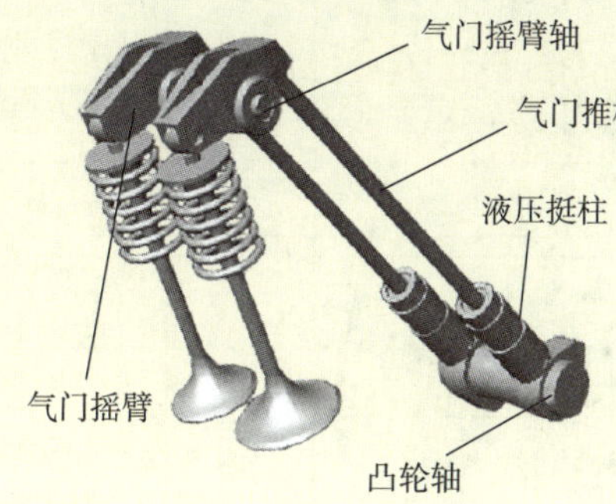 气门摇臂轴 气门推杆 液压挺柱 气门摇臂 凸轮轴
		可将来自凸轮的运动和作用力传递给气门推杆或气门，并承受凸轮轴旋转时所施加的侧向力	
		配合凸轮轴适时地打开气门，完成发动机的进气和排气	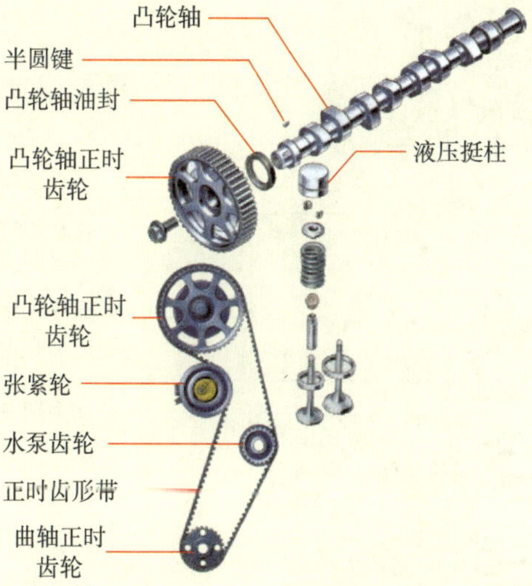 凸轮轴 半圆键 凸轮轴油封 凸轮轴正时齿轮 液压挺柱 凸轮轴正时齿轮 张紧轮 水泵齿轮 正时齿形带 曲轴正时齿轮
		固定气门摇臂	
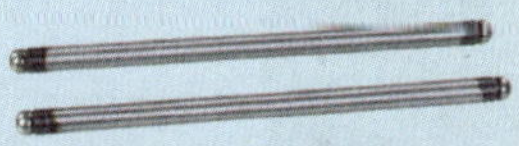		顶开气门摇臂，迫使气门打开	

表 6-4　发动机进气、排气、冷却、润滑系统的认识

图片	名称	作用	安装位置
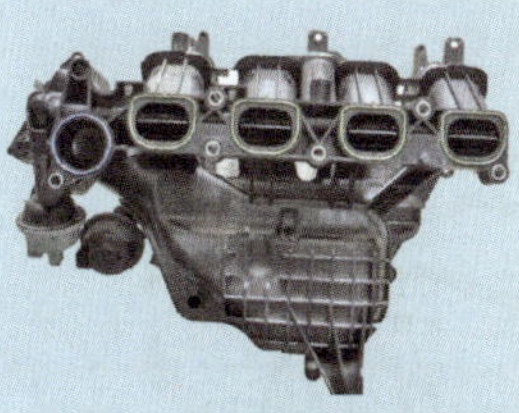		将空气、燃油混合气由化油器或节气门体分配到各缸进气道	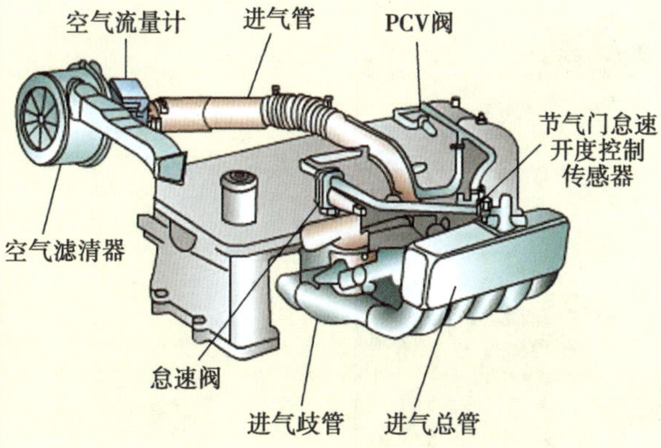 空气流量计 进气管 PCV阀 节气门怠速开度控制传感器 空气滤清器 怠速阀 进气歧管 进气总管 进气系统
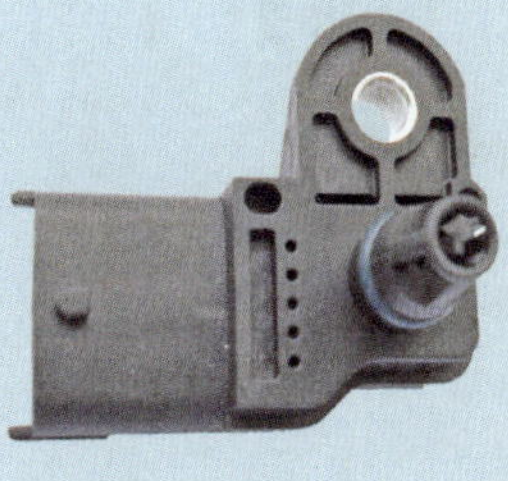		随着发动机的负荷变化，感应进气歧管内的真空变化，为发动机控制单元提供修正喷油量和点火正时的参考信号	

续表

图片	名称	作用	安装位置
		是控制空气进入发动机的一道可控阀门	
	机油滤清器	过滤机油中的杂质、机械颗粒以及胶质，防止各种杂质随机油流到摩擦表面，造成机械磨损或管道堵塞	
		提高机油压力后输送到发动机的各摩擦表面，同时促进机油的循环流动	
		是润滑系统的进口，用来滤除润滑油中粗大的杂质，防止其进入机油泵	
		用来散去机油吸收的热量，使机油温度保持在 70~90 ℃，并使机油黏度不至于发生过大变化，确保机件正常润滑	

表 6-5　发动机燃油供给系统、点火系统的认识

图片	名称	作用	安装位置
		将燃油从油箱内吸出，经过管路输送给发动机	燃油蒸气回收罐 燃油压力调节器及回油管 油量传感器 汽油泵 空气滤芯 油箱 汽油滤清器 喷油器 发动机 燃油供给系统
		在有需要时，接通活性炭罐与进气管，将收集到的燃油蒸气送入发动机气缸	

续表

图片	名称	作用	安装位置
		过滤燃油中较大的颗粒物质和杂质，防止大颗粒物质及杂质进入燃油供给系统，对汽油泵、喷油器或其他零件造成损伤	
		将点火线圈的能量传输给火花塞	点火线圈 电控单元 高压缸线 冷却液温度传感器 凸轮轴位置传感器 曲轴位置传感器 火花塞 爆震传感器 点火系统
		是产生高压火花的装置，根据点火形式和点火线圈结构不同可分为独立点火线圈和分组点火线圈两种	

六、检查

结合任务实施结果，在表 6-6 中填写相应元件的名称和作用。

表 6-6　检查

图片	名称	作用

续表

图片	名称	作用

七、课堂小结

情境三

汽车底盘认知

任务七　传动系统、转向系统认识

<table>
<tr><th colspan="2">汽车认识实训任务工单</th></tr>
<tr><td>任务描述</td><td>汽车 VIN 码 □　配气机构 □　曲柄连杆机构 □　进气、排气系统 □　冷却系统 □
润滑系统 □　燃油供给系统 □　点火系统 □　起动系统 □　传动系统 □
转向系统 □　行驶系统 □　制动系统 □　电器设备 □　车身附件 □
其他：</td></tr>
<tr><td>任务目标</td><td>● 能够识别传动系统各零部件
● 能够识别转向系统各零部件</td></tr>
<tr><td>任务内容</td><td>● 传动系统的功用、布置形式与组成
● 转向系统的功用、类型与组成</td></tr>
<tr><td>任务重点</td><td>● 传动系统的组成与功用
● 转向系统的组成与功用</td></tr>
<tr><td>任务难点</td><td>● 传动系统的组成
● 转向系统的组成</td></tr>
</table>

一、知识讲解

汽车底盘主要由四大系统组成，包括传动系统、转向系统、行驶系统和制动系统。

（一）传动系统

1. 传动系统的安装位置与功用

传动系统（见图 7–1）是指位于发动机与汽车驱动轮之间传递动力的装置。

传动系统的基本功用是将发动机发出的动力传递给驱动轮，使车轮转动带动汽车行驶。除此之外，传动系统还具有增大来自发动机的转矩，降低发动机输出转速，改变发动机输出转速的转动方向，切断发动机向驱动轮的动力传输等功能。

图 7-1 传动系统

2. 传动系统的布置形式

汽车传动系统按照布置形式不同可分为前置前驱、前置后驱、后置后驱、中置后驱、四轮驱动等，如图 7-2 所示。

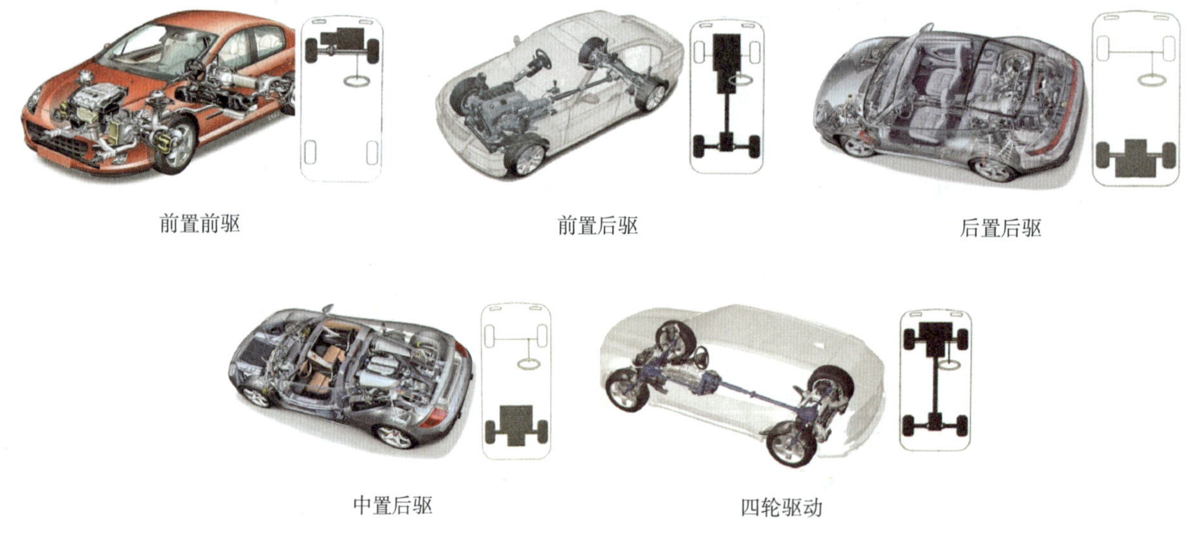

图 7-2 传动系统的布置形式

3. 传动系统的组成

传动系统一般由离合器、变速器、万向传动装置、主减速器、差速器、半轴等组成，如图 7-3 所示。

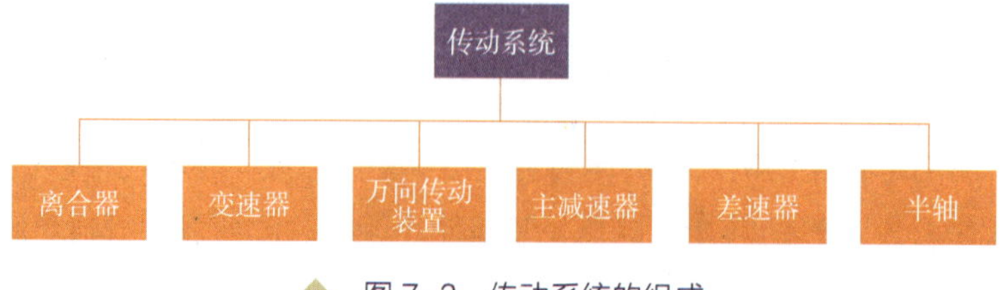

图 7-3 传动系统的组成

（1）离合器

离合器（见图 7-4）主要由离合器片、压盘等组成，其中，离合器片又称从动盘。

图 7-4 离合器

离合器的作用是控制动力的输出，保证汽车平稳起步、平顺换挡，同时还有过载保护功能。按从动盘的数目不同，离合器可分为单盘式离合器、双盘式离合器和多盘式离合器三种，如图 7-5 所示。

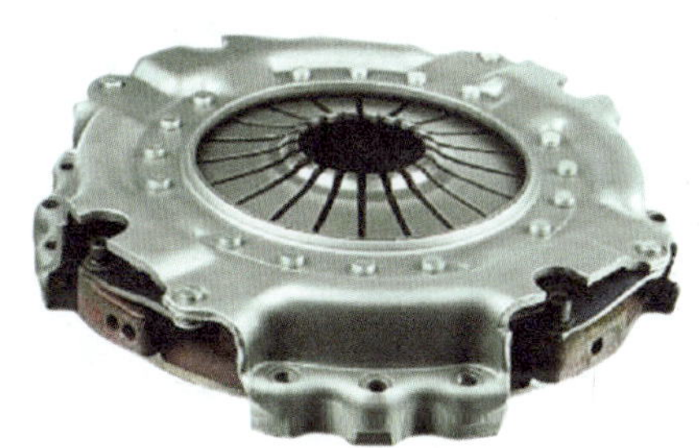

单盘式离合器

双盘式离合器

多盘式离合器

图 7-5 离合器按从动盘数目不同分类

按压紧弹簧形式不同，离合器可分为螺旋弹簧式离合器和膜片弹簧式离合器两种，如图 7-6 所示。

螺旋弹簧式离合器

膜片弹簧式离合器

图 7-6 离合器按压紧弹簧形式不同分类

（2）变速器

变速器的主要功能是改变传动比，实现倒向行驶、切断发动机向驱动轮的动力传递（例如空挡）等。

变速器可分为手动变速器和自动变速器。自动变速器又分为普通自动变速器、CVT 无级变速器、DSG 双离合变速器和 AMT 半自动变速器等，如图 7-7 所示。

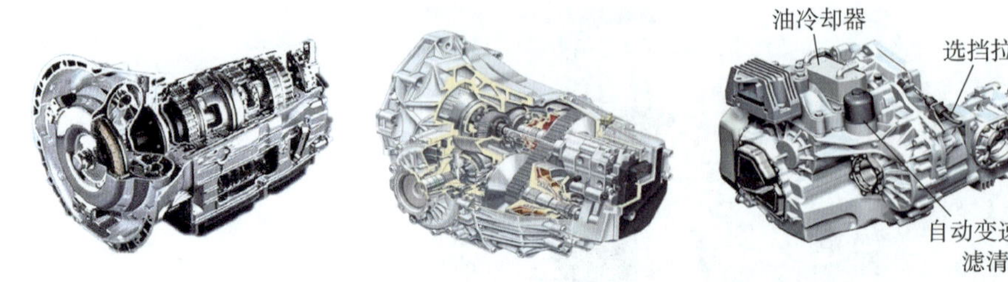

普通自动变速器　　CVT 无级变速器　　DSG 双离合变速器　　AMT 半自动变速器

图 7-7　自动变速器的种类

（3）万向传动装置

万向传动装置是能在汽车上任何一对轴间夹角和相对位置经常发生变化的转轴之间传递动力的一套装置，如图 7-8 所示。

图 7-8　万向传动装置

汽车上常用的万向传动装置有球笼式万向节（图 7-9a）、三球销式万向节（图 7-9b）、十字轴式万向节（图 7-9c）、双联式万向节（图 7-9d）等四种。

其中，球笼式和三球销式为不等速万向节，十字轴式为等速万向节，双联式为准等速万向节。

球笼式万向节
a）

三球销式万向节
b）

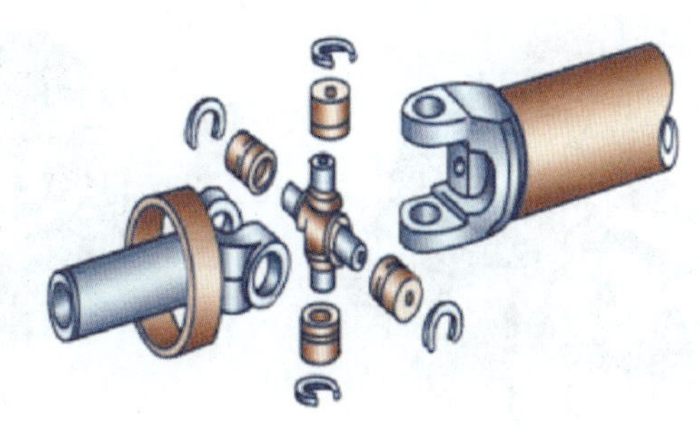

十字轴式万向节

c）

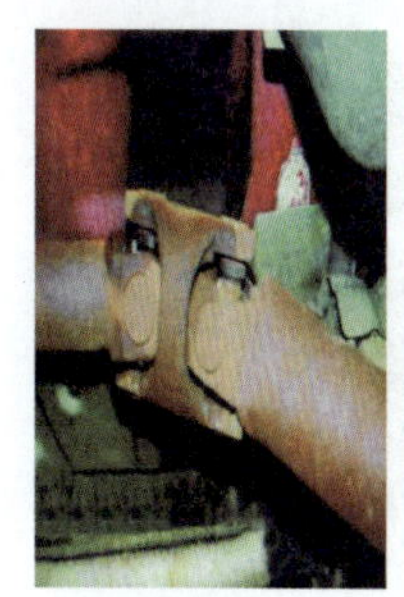

双联式万向节

b）

图 7-9 万向节的类型

（4）主减速器与差速器

传动系统中的主减速器能将来自变速器或万向传动装置的转矩增大，同时降低转速并改变转矩的传递方向，且主要由主动锥齿轮和从动锥齿轮组成。

汽车上的主减速器一般可分为单级式主减速器和双级式主减速器，如图 7-10 所示。

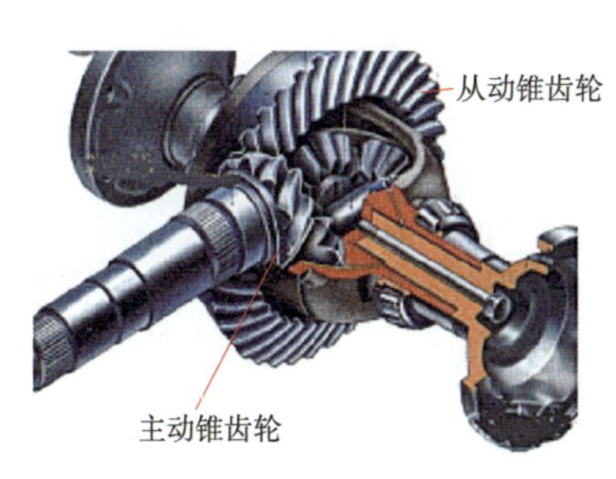

单级式主减速器

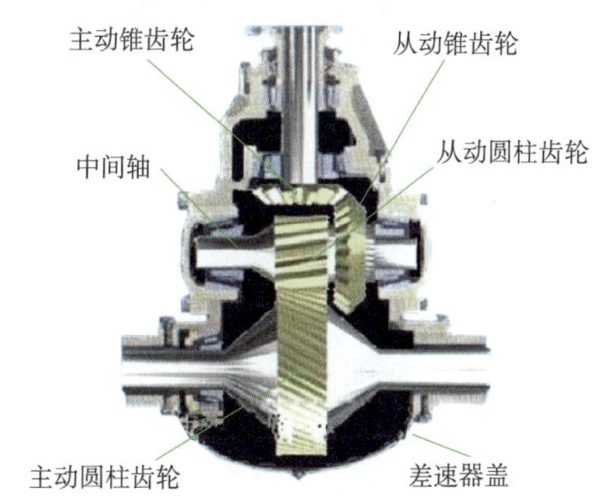

双级式主减速器

图 7-10 主减速器

汽车差速器是能够使左、右驱动轮实现以不同转速转动的机构，主要由左右半轴齿轮、两个行星齿轮及齿轮架（差速器壳）组成，如图 7-11 所示。

差速器的功用是当汽车转弯行驶或在不平路面上行驶时，使左右车轮以不同转速滚动，即保证两侧驱动车轮做纯滚动运动。汽车上常用的差速器有齿轮差速器、防滑差速器和托森差速器等，如图 7-12 所示。

半轴齿轮

行星齿轮

行星齿轮轴

图 7-11 差速器

（5）半轴

汽车半轴也称驱动轴，是将差速器与驱动轮连接起来的轴，也是变速器、减速器与驱动轮之间传递扭矩的轴。按照支撑形式不同，有半浮式、全浮式两种，如图 7-13 所示。

齿轮差速器

防滑差速器

托森差速器

图 7-12　常用差速器的种类

半浮式半轴

全浮式半轴

图 7-13　汽车半轴的类型

（二）转向系统

1. 转向系统的类型

转向系统分为两大类，一类是机械转向系统，另一类是动力转向系统。动力转向系统又分为电控液压助力转向系统和电子控制动力转向系统，如图 7-14 所示。

机械转向系统

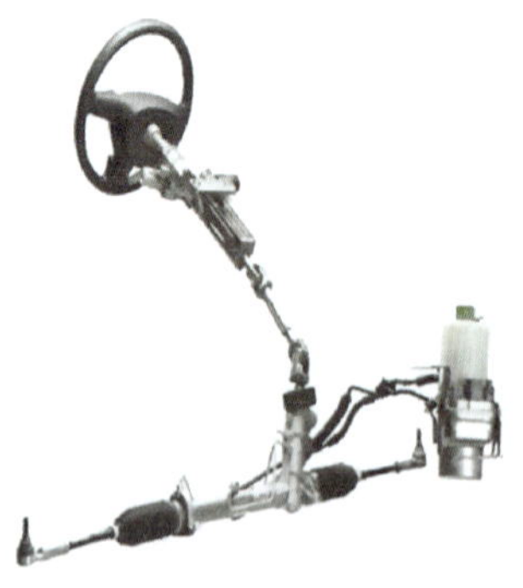

电控液压助力转向系统

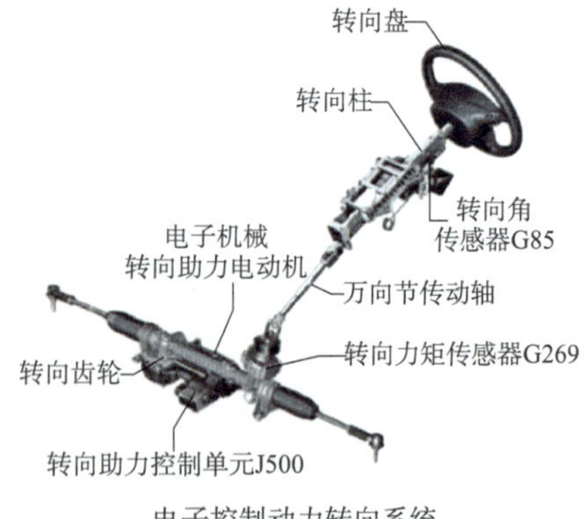

电子控制动力转向系统

图 7-14　转向系统的类型

2. 转向系统的组成

转向系统由转向操纵机构、转向器、转向传动机构组成，如图 7-15 所示。

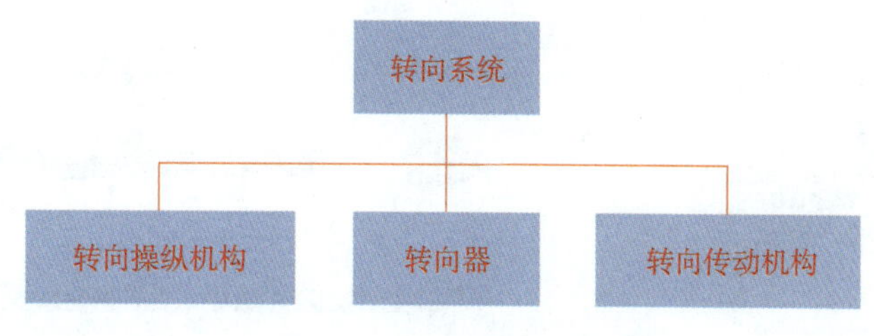

图 7-15 转向系统的组成

转向操纵机构是驾驶员操纵转向器工作的装置，主要包括转向盘、转向轴、转向管柱等，如图 7-16 所示。

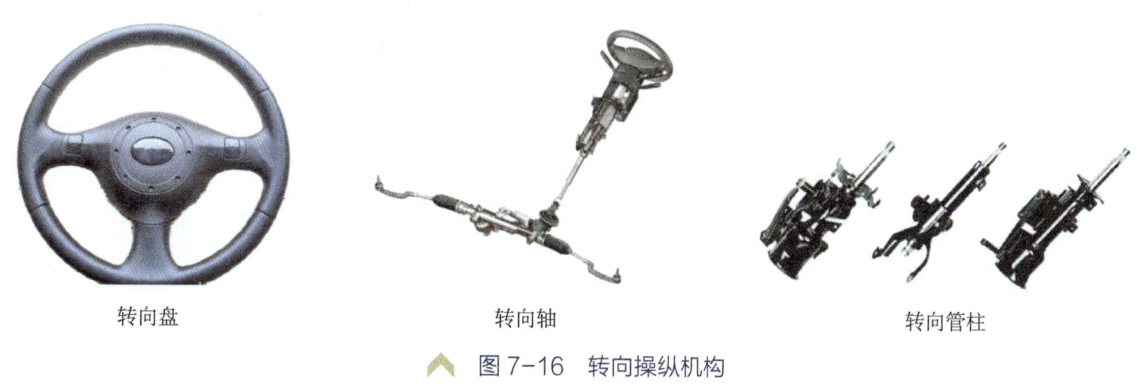

图 7-16 转向操纵机构

按照结构不同，转向器可分为蜗轮蜗杆式转向器、齿轮齿条式转向器等，如图 7-17 所示。

图 7-17 转向器

转向传动机构可以将转向器输出的力和运动传到转向桥两侧的转向节，使两侧转向轮偏转，并使两转向轮偏转角按一定关系变化，以保证汽车转向时车轮与地面的相对滑动尽可能小，如图 7-18 所示。

图 7-18 转向传动机构

图 7-19 所示为转向系统的部分组件，其中，转向摇臂的作用是将转向器输出的力和运动传给直拉杆或横拉杆，进而推动转向轮偏转。

转向直拉杆可以将转向摇臂传来的力和运动传给转向节臂。

转向横拉杆用来连接左右转向臂，既可以使两个车轮同步转弯，又可以调整车轮前束角。

转向节臂又叫转向梯形臂，是转向传动装置的最后一级传力部件。

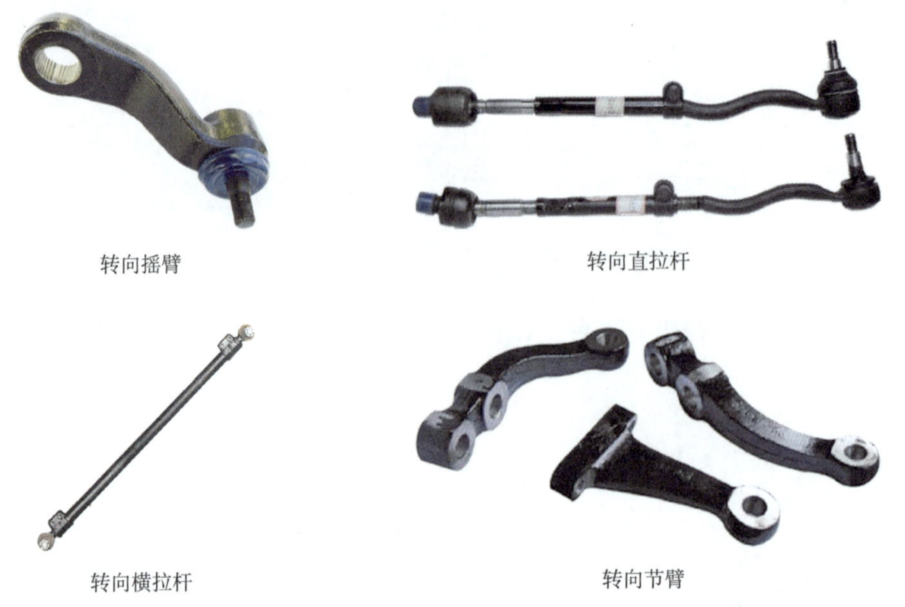

图 7-19　转向系统部分组件

二、任务准备

在下列图片中勾选出完成本任务所需的工具、设备等。

工作台	抹布	备件车	变速箱台架
举升机	实训整车	传动系统台架	转向系统台架

半轴	离合器	变速器	差速器	转向器
转向直拉杆	转向节臂	转向摇臂	转向管柱	转向盘

三、防护措施

1. 进入车间应穿工鞋、戴工帽；工作服应整洁、无破损；操作时不可佩戴手表等金属饰品，以防划伤车辆表面。

2. 使用举升机举升车辆时应严格按照举升机使用方法进行操作，并通知其他人员远离举升设备。

3. 在搬运重物及尖锐器物时，应注意动作和姿势，防止扭伤腰部、砸伤脚部、划伤手部等。

4. 操作过程中应做到油品、工具、配件三不落地，作业完毕后应及时清理车间工作场地，做到现场 6S 管理规范。

5. 工作时车间内的任何工具、零部件、设备、车辆都不能随意摆放，工作结束后应摆放回指定地点保管。

6. 车间应配有干粉灭火器及相应消防措施，易燃油品应存放在密封的金属罐中。

四、任务分配（见表 7-1）

表 7-1　任务分配表

职务	代码	姓名	工作内容
组长	A		监督、管理组员工作
组员	B		准备实训所需资料
	C		
	D		准备实训所需工具、设备
	E		

五、任务实施

完成表 7-2 至表 7-4 中空白项目的填写。

表 7-2　离合器、变速器的认识

图片	名称	是否找到	安装位置	
		是□　否□	安装在发动机输出端（前端）	
		是□　否□	安装在离合器前端	

表 7-3　传动系统其他组件的认识

图片	名称	是否找到	安装位置
		是□　否□	安装在变速器与主减速器之间
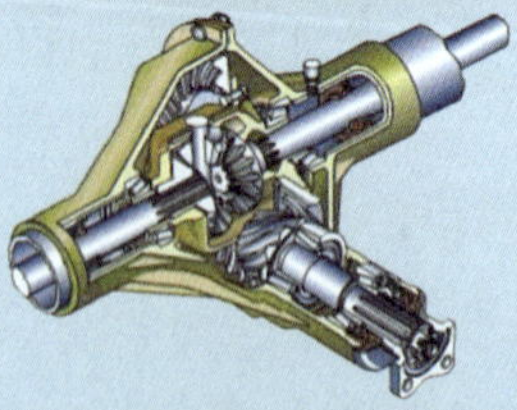		是□　否□	前驱安装在变速器输出端，后驱安装在驱动后轮的部位
		是□　否□	安装在主减速器壳内
		是□　否□	安装在主减速器与车轮之间

表 7-4 转向系统的认识

图片	名称	是否找到	安装位置
		是□ 否□	
		是□ 否□	
		是□ 否□	
		是□ 否□	
		是□ 否□	
		是□ 否□	
		是□ 否□	

六、检查

结合任务实施结果，在表 7-5 中填写相应元件的名称并勾选其所属组别。

表 7-5 检查

图片	名称	所属组别
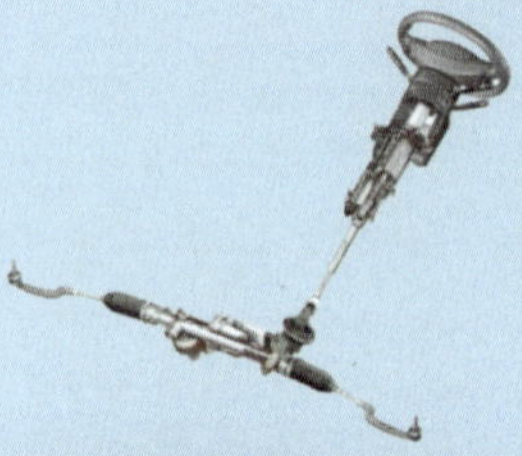		传动系统 □ 转向系统 □
		传动系统 □ 转向系统 □
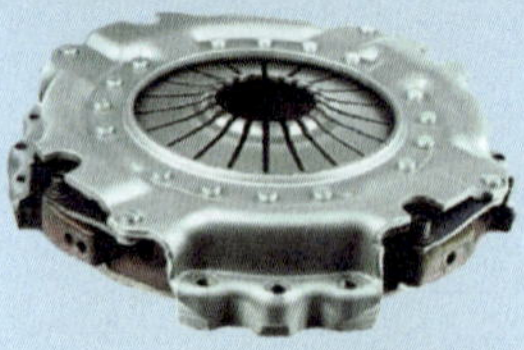		传动系统 □ 转向系统 □
		传动系统 □ 转向系统 □
		传动系统 □ 转向系统 □
		传动系统 □ 转向系统 □

七、课堂小结

任务八 行驶系统、制动系统认识

汽车认识实训任务工单	
任务描述	汽车 VIN 码 □ 配气机构 □ 曲柄连杆机构 □ 进气、排气系统 □ 冷却系统 □ 润滑系统 □ 燃油供给系统 □ 点火系统 □ 起动系统 □ 传动系统 □ 转向系统 □ 行驶系统 □ 制动系统 □ 电器设备 □ 车身附件 □ 其他：
任务目标	● 能够识别行驶系统各零部件 ● 能够识别制动系统各零部件
任务内容	● 行驶系统的功用与组成 ● 制动系统的功用与组成
任务重点	● 行驶系统的功用与组成 ● 制动系统的功用与组成
任务难点	● 行驶系统的组成 ● 制动系统的组成

一、知识讲解

（一）行驶系统

1. 行驶系统的功用

（1）接受由发动机经传动系统传来的转矩，并通过驱动轮与路面之间的附着作用，产生路面对驱动轮的牵引力，以保证汽车正常行驶。

（2）支撑全车，传递并承受路面作用于车轮上的各向反力及其所形成的力矩。

（3）缓和不平路面对车身造成的冲击，并衰减其振动，保证汽车行驶的平顺性。

（4）与转向系统协调配合，实现汽车行驶方向的正确控制，保证汽车的操纵稳定性。

2. 行驶系统的组成

行驶系统由车架、车桥、车轮和悬架组成，如图 8–1 所示。

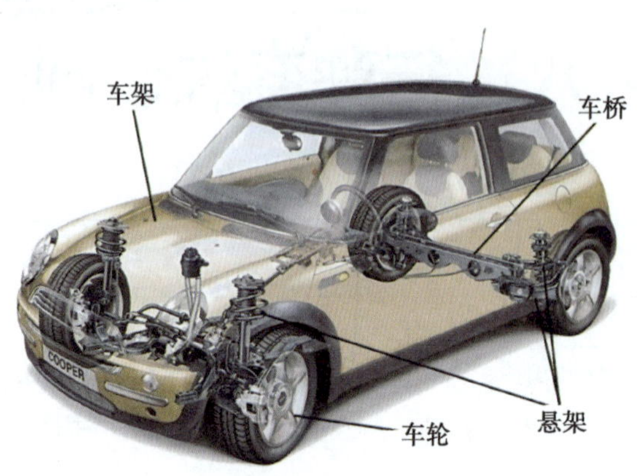

图 8–1　行驶系统的组成

（1）车架

车架的主要功用是支撑连接汽车的各零部件和承受来自车内外的各种载荷。车架主要有边梁式车架、中梁式车架、综合式车架和承载式车架等，如图 8–2 所示。

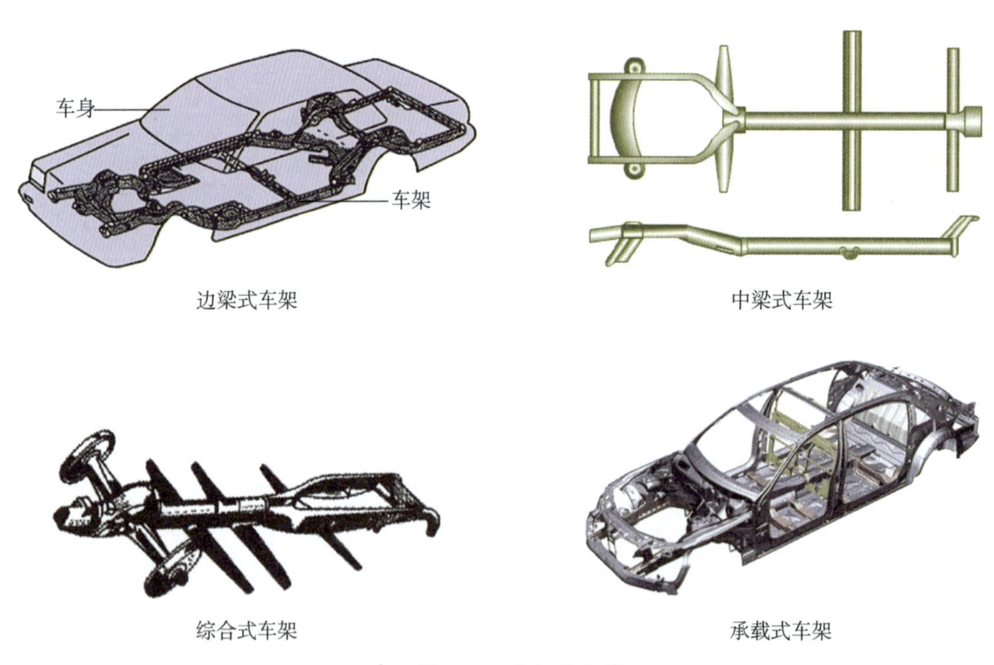

图 8–2　车架的分类

（2）车桥

车桥是用来传递车架或承载式车身与车轮之间各方向的作用力及其力矩的，如图 8–3 所示。

车桥有很多类型，按功能不同可分为转向桥、驱动桥、转向驱动桥和支撑桥，如图 8–4 所示。

图 8-3 车桥

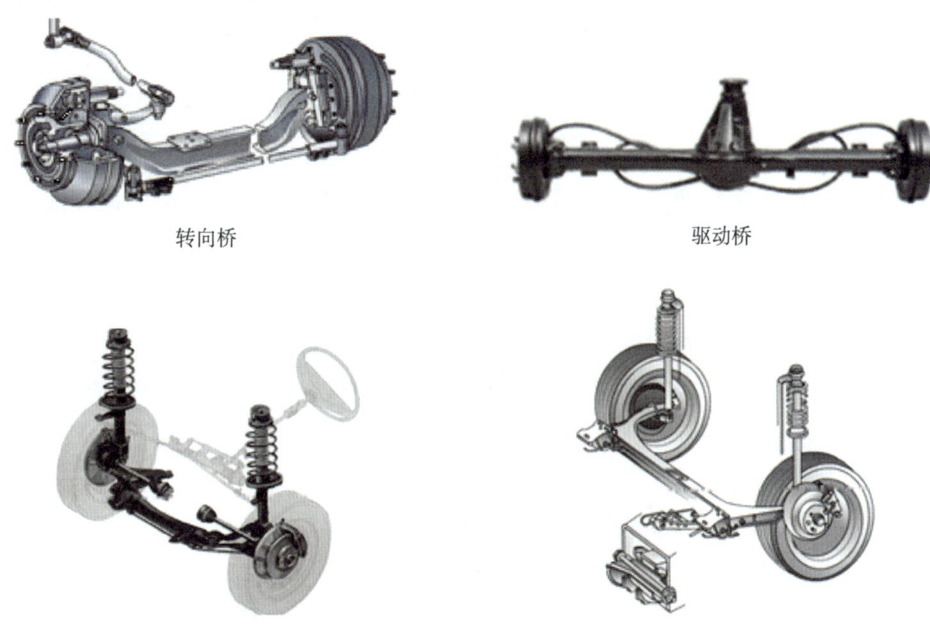

图 8-4 车桥的分类

(3) 车轮

根据轮辐构造的不同，车轮可分为辐板式车轮（见图 8-5）和轮辐式车轮（见图 8-6）。

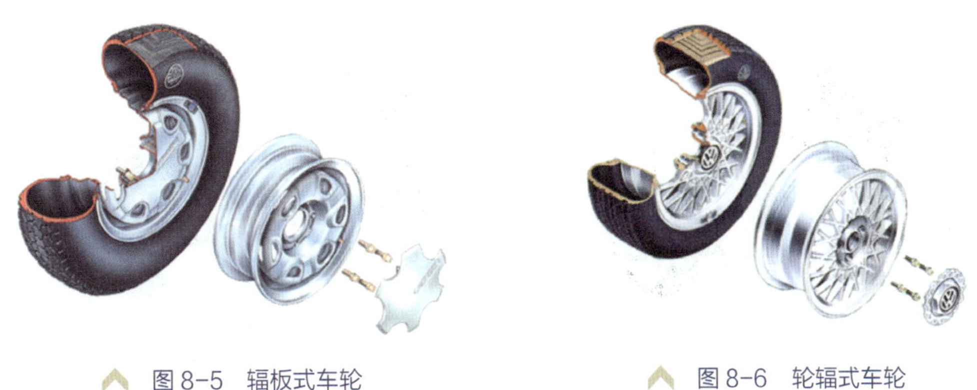

图 8-5 辐板式车轮

图 8-6 轮辐式车轮

（4）轮胎

轮胎是由内胎、外胎和垫带组成的。

轮胎按照胎内空气压力大小不同，可分为高压胎、低压胎和超低压胎；按照有无内胎，可分为有内胎轮胎和无内胎轮胎；按照胎体帘布层结构不同，可分为斜交轮胎和子午线轮胎；按照胎面花纹不同，可分为普通花纹轮胎、越野花纹轮胎和混合花纹轮胎，如图 8–7 所示。

斜交轮胎

子午线轮胎

普通花纹轮胎

越野花纹轮胎

混合花纹轮胎

图 8–7　轮胎的分类

（5）悬架

悬架主要由弹性元件（螺旋弹簧等）、减振元件（减振器、阻尼器）、导向机构（摆臂或拉杆）和横向稳定杆等元件组成，如图 8–8 所示。

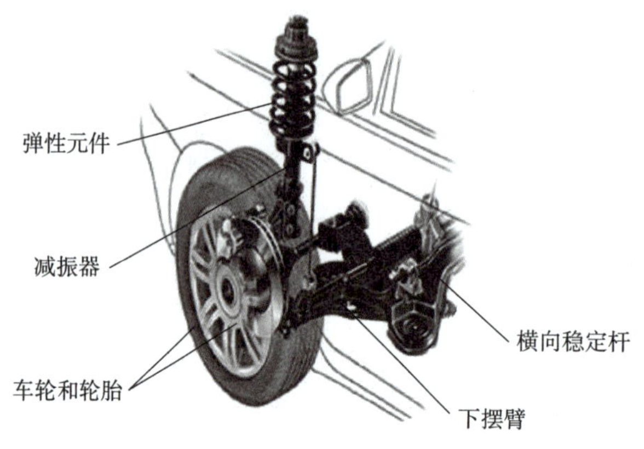

图 8–8　悬架的组成

悬架可分为独立悬架和非独立悬架。独立悬架应用于断开式车桥；非独立悬架应用于整体式车桥，如图 8–9 所示。

独立悬架

非独立悬架

图 8–9　悬架的分类

（二）制动系统

1. 制动系统的组成

根据动力源不同，制动系统可分为人力制动、动力制动、伺服制动等。现代轿车多采用伺服制动系统，主要由行车制动系统和驻车制动系统两大部分组成，如图 8-10 所示。

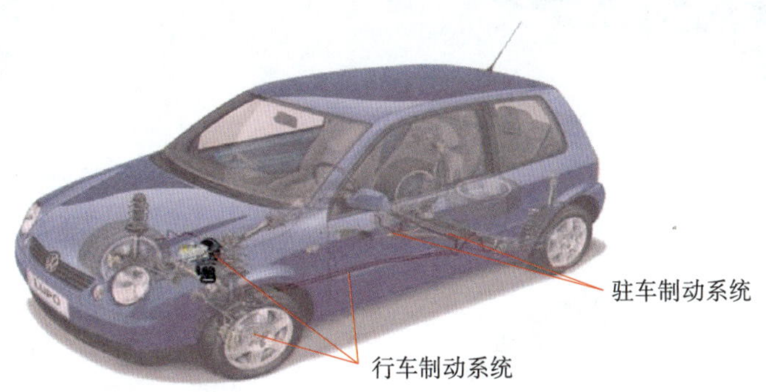

图 8-10　制动系统

驻车制动系统主要由驻车制动手柄、制动拉线、驻车制动蹄片等组成，它的主要作用是保证车辆停放时的可靠性和稳定性，如图 8-11 所示。

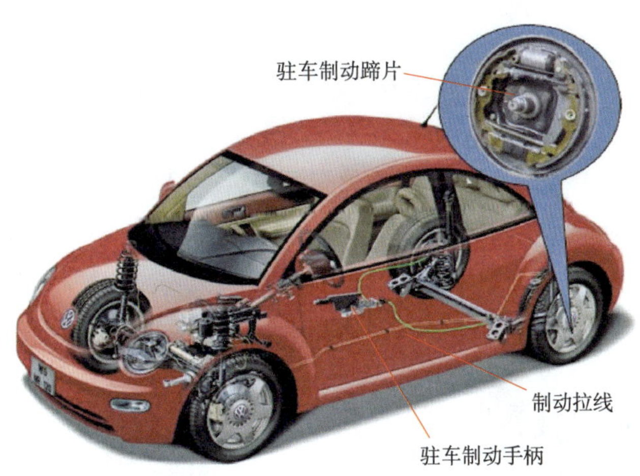

图 8-11　驻车制动系统的组成

行车制动系统主要由制动踏板、制动总泵、ABS 总成、制动管路、前制动器和后制动器等组成，如图 8-12 所示。

2. 制动系统各零部件

制动总泵（见图 8-13）的主要功用是将制动踏板的力转变为液体压力，通过制动管路传递给制动器（制动分泵）。制动伺服装置可以在制动时产生作用力，帮助驾驶员施加制动力。

制动器的主要作用是在高压制动液压力作用下产生对车轮的制动力。根据结构不同，制动器可分为鼓式制动器和钳盘式制动器，如图 8-14 所示。

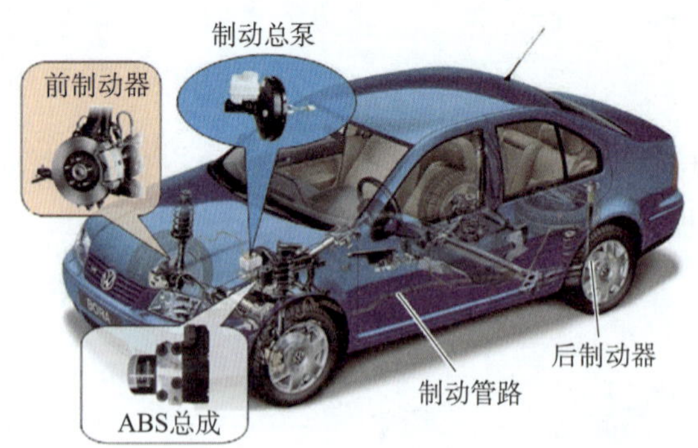

图 8-12　行车制动系统的组成

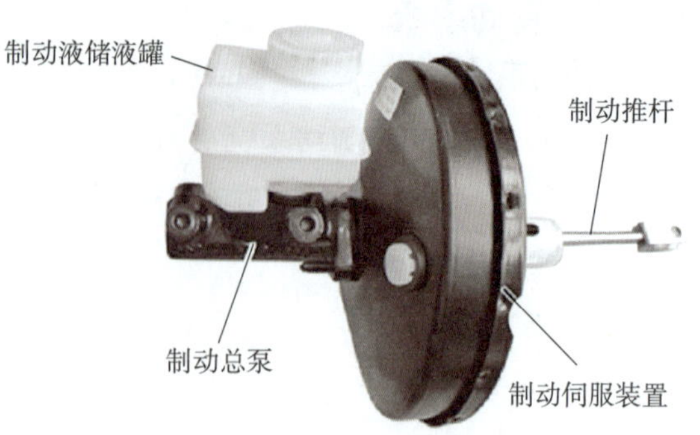

图 8-13　制动总泵

鼓式制动器

钳盘式制动器

图 8-14　制动器的分类

ABS 制动总泵（见图 8-15）属于 ABS 防抱死制动系统。ABS 防抱死制动系统又称电子控制制动系统，主要由 ABS 液压控制单元总成、ABS 制动总泵及轮速传感器（见图 8-16）等组成。

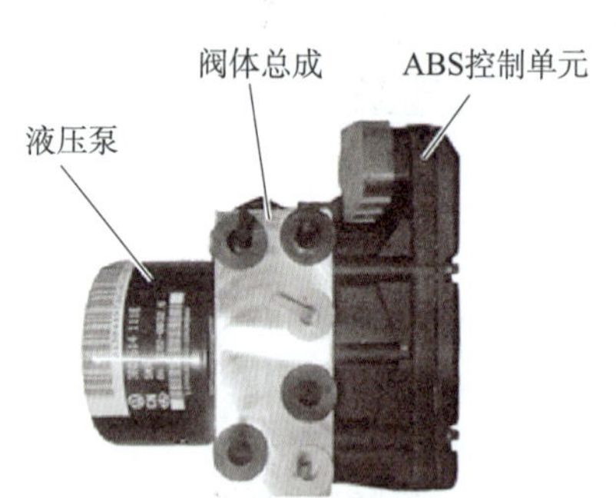

图 8-15　ABS 制动总泵

图 8-16　轮速传感器

二、任务准备

在下列图片中勾选出完成本任务所需的工具、设备等。

扭力扳手	实训整车	防护用品	工作台
备件车	工具车	抹布	举升机
悬架系统试验台	ABS 试验台	拉拔器	手电筒

轮胎	制动总泵	鼓式制动器	钳盘式制动器	车桥

三、防护措施

1. 进入车间应穿工鞋、戴工帽；工作服应整洁、无破损；操作时不可佩戴手表等金属饰品，以防划伤车辆表面。

2. 使用举升机举升车辆时应严格按照举升机使用方法进行操作，并通知其他人员远离举升设备。

3. 在搬运重物及尖锐器物时，应注意动作和姿势，防止扭伤腰部、砸伤脚部、划伤手部等。

4. 操作过程中应做到油品、工具、配件三不落地，作业完毕后应及时清理车间工作场地，做到现场 6S 管理规范。

5. 工作时车间内的任何工具、零部件、设备、车辆都不能随意摆放，工作结束后应摆放回指定地点保管。

6. 车间应配有干粉灭火器及相应消防措施，易燃油品应存放在密封的金属罐中。

四、任务分配（见表 8-1）

表 8-1　任务分配表

职务	代码	姓名	工作内容
组长	A		监督、管理组员工作
组员	B		准备实训所需资料
	C		
	D		准备实训所需工具、设备
	E		

五、任务实施

完成表 8-2 至表 8-4 中空白项目的填写。

表 8-2　行驶系统的认识

图片	名称	是否找到	安装位置
		是□　否□	
		是□　否□	

表 8-3 悬架的认识

图片	名称	是否找到	安装位置
		是□ 否□	
		是□ 否□	

表 8-4 制动系统的认识

图片	名称	是否找到	安装位置
		是□ 否□	
		是□ 否□	
		是□ 否□	

六、检查

结合任务实施结果，在表 8-5 中填写相应元件的名称和安装位置。

表 8-5 检查

图片	名称	作用	安装位置
		在制动系统中产生制动力，阻碍车辆运动	德系车一般安装在轴后方，日系车一般安装在轴前方
		提供转向动力，将传动轴的驱动力传给车轮，既转向又驱动	
		传递作用在车轮与车身之间的一切力和力矩，例如支撑力、制动力和驱动力等；缓和由不平路面传给车身的冲击载荷，衰减由此引起的振动，保证乘员的舒适性，减小货物和车辆本身的运动载荷	连接车轮和车体之间有弹簧和减振器的部分

七、课堂小结

____

____

____

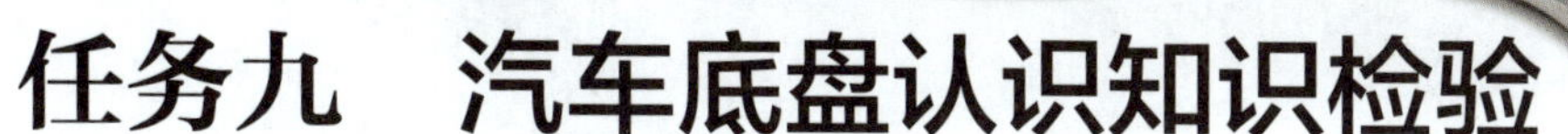

任务九　汽车底盘认识知识检验

<table>
<tr><th colspan="2">汽车认识实训任务工单</th></tr>
<tr><td>任务描述</td><td>汽车 VIN 码 □　配气机构 □　曲柄连杆机构 □　进气、排气系统 □　冷却系统 □
润滑系统 □　燃油供给系统 □　点火系统 □　起动系统 □　传动系统 □
转向系统 □　行驶系统 □　制动系统 □　电器设备 □　车身附件 □
其他：</td></tr>
<tr><td>任务目标</td><td>● 能够识别底盘四大系统各零部件</td></tr>
<tr><td>任务内容</td><td>● 传动系统的组成、功用与安装位置
● 转向系统的组成、功用与安装位置
● 行驶系统的组成、功用与安装位置
● 制动系统的组成、功用与安装位置</td></tr>
<tr><td>任务重点</td><td>● 底盘四大系统的组成与安装位置</td></tr>
<tr><td>任务难点</td><td>● 底盘四大系统的组成</td></tr>
</table>

一、知识讲解

汽车底盘主要由传动系统、转向系统、行驶系统、制动系统四大系统组成。

传动系统由离合器、变速器、万向传动装置、主减速器、差速器、半轴组成，如图 9–1 所示。

转向系统由转向操纵机构、转向器、转向传动机构组成，图 9–2 所示为部分转向系统零部件。

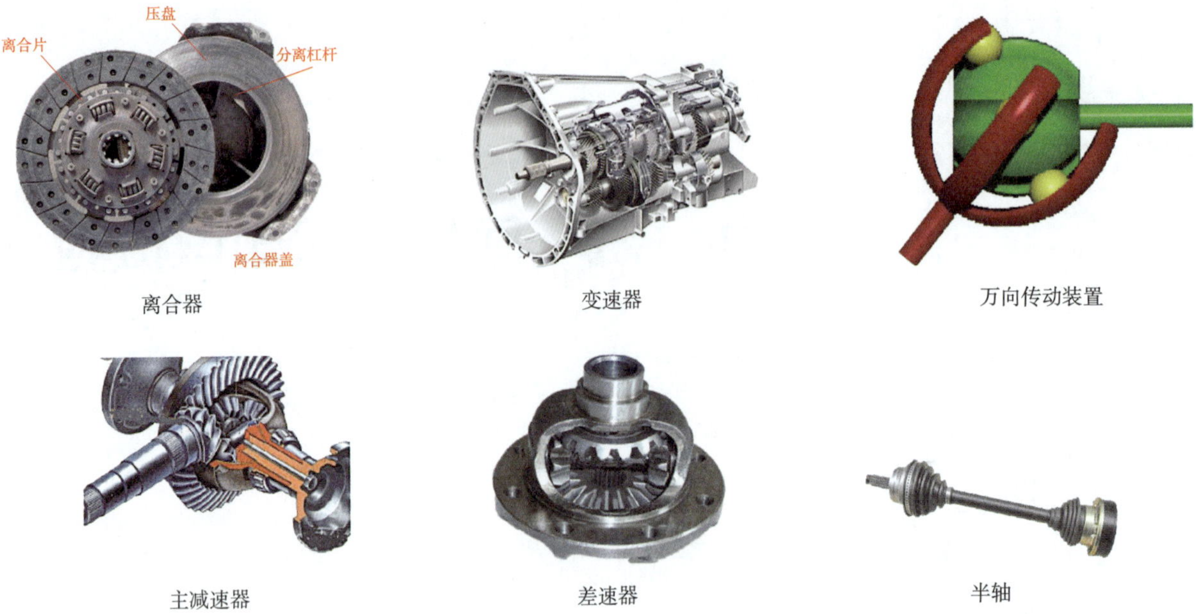

压盘
离合片
分离杠杆
离合器盖

离合器　　变速器　　万向传动装置

主减速器　　差速器　　半轴

图 9-1　传动系统零部件

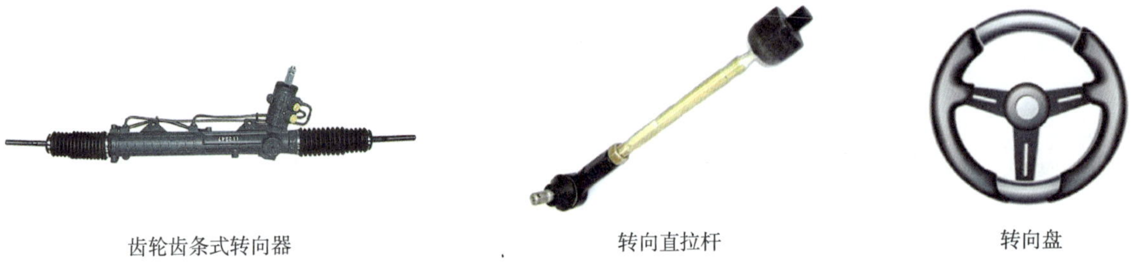

齿轮齿条式转向器　　转向直拉杆　　转向盘

图 9-2　部分转向系统零部件

行驶系统主要由车轮、车桥、车架、悬架组成，如图 9-3 所示。

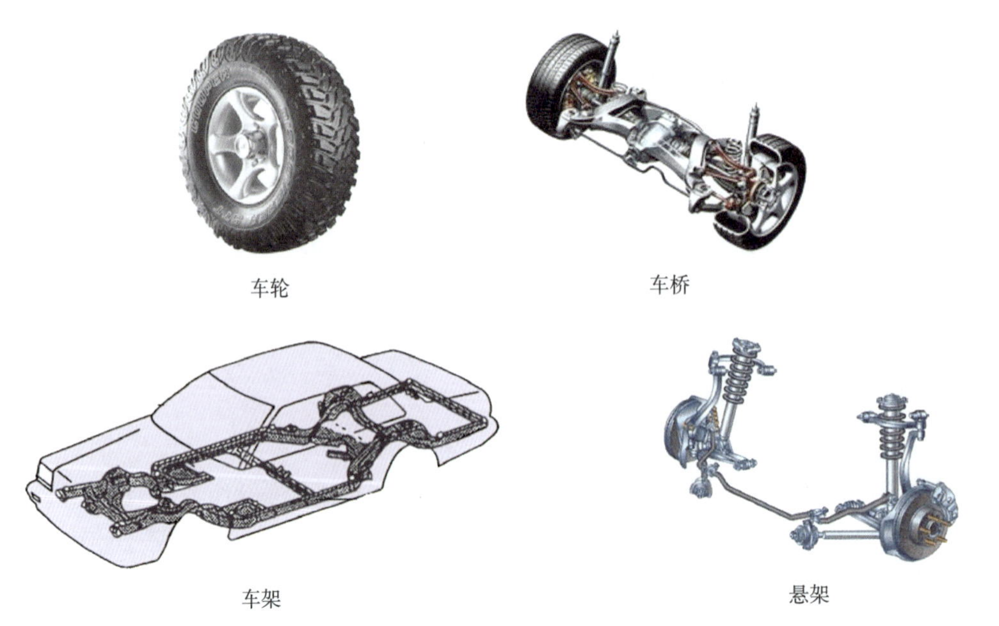

车轮　　车桥

车架　　悬架

图 9-3　行驶系统零部件

制动系统主要由行车制动系统、驻车制动系统两大部分组成（见图 9–4），现在比较流行的驻车制动系统为电子驻车系统（见图 9–5）。

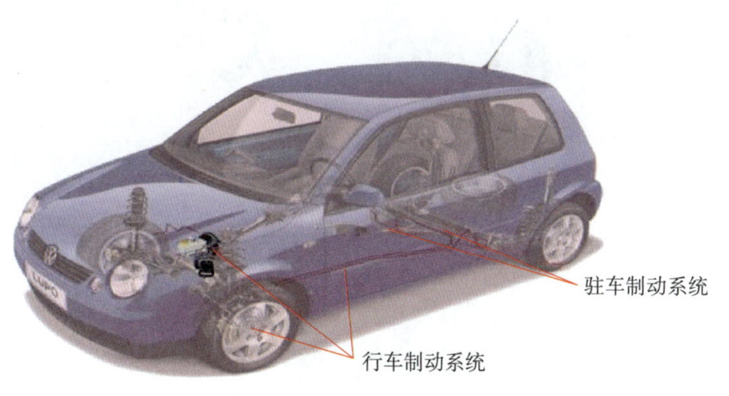

图 9–4 制动系统的组成

图 9–5 电子驻车系统

二、任务准备

在下列图片中勾选出完成本任务所需的工具、设备等。

工作台	手锯	备件车	实训整车
举升机	工具车	工具套件	转向系统台架

		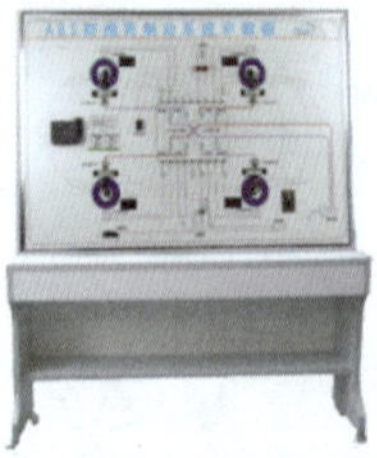	
传动系统台架	抹布	ABS 试验台	手电筒

半轴	离合器	变速器	差速器	转向器
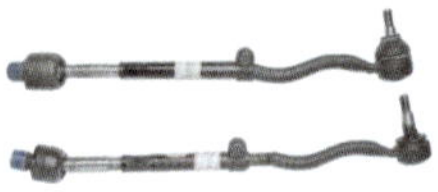				
转向直拉杆	转向节臂	转向摇臂	转向管柱	转向盘
	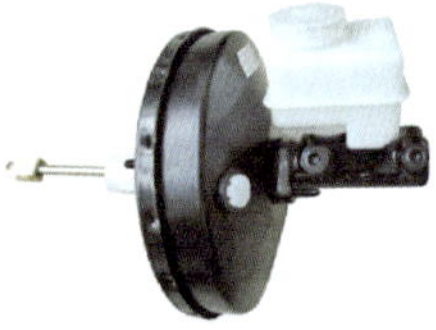			
轮胎	制动总泵	鼓式制动器	钳盘式制动器	车桥

三、防护措施

1. 进入车间应穿工鞋、戴工帽；工作服应整洁、无破损；操作时不可佩戴手表等金属饰品，以防划伤车辆表面。

2. 使用举升机举升车辆时应严格按照举升机使用方法进行操作，并通知其他人员远离举升设备。

3. 在搬运重物及尖锐器物时，应注意动作和姿势，防止扭伤腰部、砸伤脚部、划伤手部等。

4. 操作过程中应做到油品、工具、配件三不落地，作业完毕后应及时清理车间工作场地，做到现场 6S 管理规范。

5. 工作时车间内的任何工具、零部件、设备、车辆都不能随意摆放，工作结束后应摆放回指定地点保管。

6. 车间应配有干粉灭火器及相应消防措施，易燃油品应存放在密封的金属罐中。

四、任务分配（见表 9-1）

表 9-1　任务分配表

职务	代码	姓名	工作内容
组长	A		监督、管理组员工作
组员	B		准备实训所需资料
	C		
	D		准备实训所需工具、设备
	E		

五、任务实施

完成表 9-2 至表 9-5 中空白项目的填写。

表 9-2　传动系统的认识

图片	名称	作用	安装位置
		控制动力的输出，保证汽车平稳起步、平顺换挡，同时还有过载保护功能	安装在发动机的输出端（前端）
		改变传动比，实现倒向行驶、切断发动机向驱动轮的动力传递（例如空挡）等功能	安装在离合器前端
		能在汽车上任何一对轴间夹角和相对位置经常发生变化的转轴之间传递动力	安装在变速器与主减速器之间

续表

图片	名称	作用	安装位置
		是将差速器与驱动轮连接起来的轴，也是变速器、减速器与驱动轮之间传递扭矩的轴	安装在主减速器与车轮之间
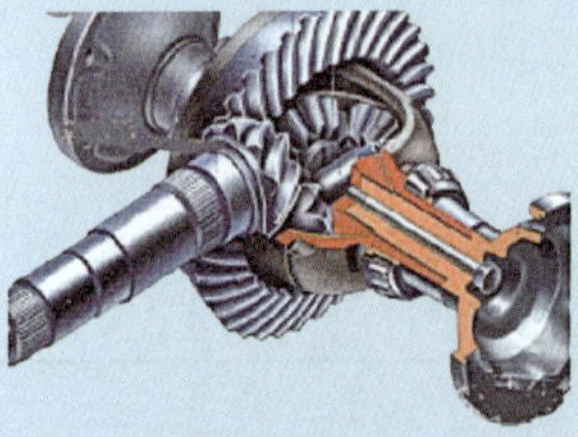		将来自变速器或万向传动装置的转矩增大，同时降低转速并改变转矩的传递方向	前驱安装在变速器输出端，后驱安装在驱动后轮的部位
		当汽车转弯行驶或在不平路面上行驶时，使左右车轮以不同转速滚动，即保证两侧驱动车轮做纯滚动运动	

表 9-3 转向系统的认识

图片	名称	作用	安装位置
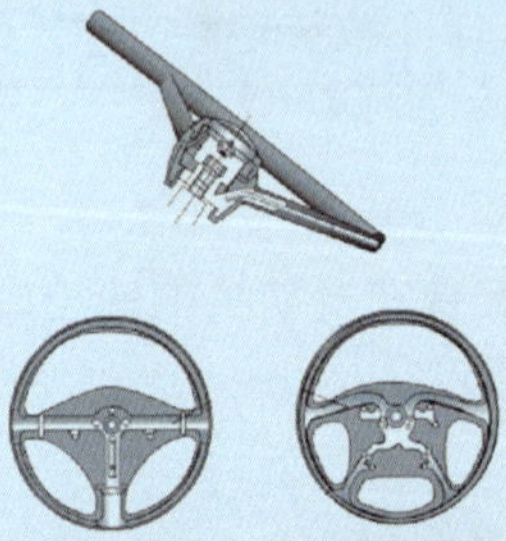		是操控汽车的主要零件，控制车辆的行驶方向	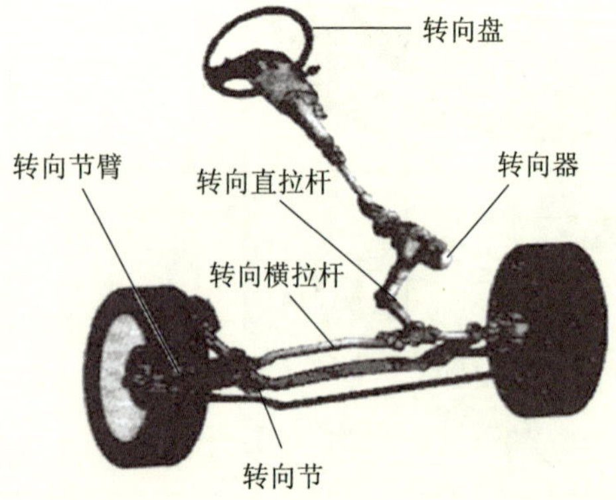 转向盘 转向节臂 转向直拉杆 转向器 转向横拉杆 转向节
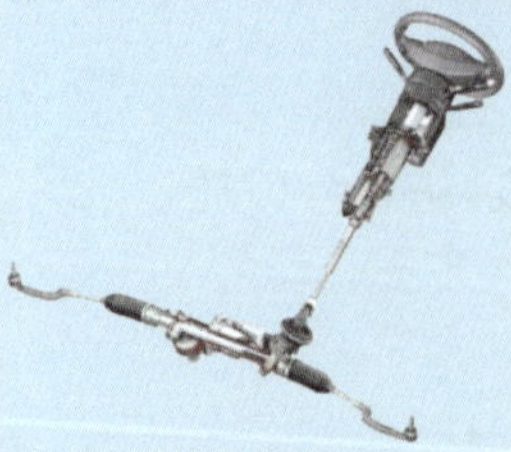		将驾驶员作用于转向盘的转向操纵力矩传递给转向器	
		将转向盘上的力矩传递给转向器的连接装置	

续表

图片	名称	作用	安装位置
		在驾驶员转动转向盘的同时帮助驾驶员用力，达到使驾驶员轻松、方便驾驶的目的	转向盘 转向节臂 转向直拉杆 转向器 转向横拉杆 转向节
		把转向器输出的力和运动传递给直拉杆或横拉杆，进而推动转向轮偏转	转向油泵 转向盘 转向油罐 转向轴 转向油管 转向中轴 转向减振器 转向直拉杆 整体式转向器 转向摇臂 转向横拉杆 转向节臂
		将转向摇臂传来的力和运动传给转向节臂	
		转向传动装置的最后一级传力部件	

表 9-4　行驶系统的认识

图片	名称	作用	安装位置
		（1）支撑汽车的重量和负荷 （2）缓和路面对车身造成的冲击 （3）保证汽车正常行驶 （4）改变汽车的行驶方向	
		传递车架或承载式车身与车轮之间各方向上的作用力及其力矩	

续表

图片	名称	作用	安装位置
		支撑连接汽车的各零部件，承受来自车内外的各种载荷	
		将来自地面的力传递给车身，起到导向、缓冲和减振的作用	

表 9-5　制动系统的认识

图片	名称	作用
		产生制动力，阻碍车辆运动
		将制动踏板的力转变为液体压力，通过制动管路传递给制动器（制动分泵）

六、检查

结合任务实施结果，在表 9-6 中填写相应元件的名称和作用。

表 9-6 检查

图片	名称	作用

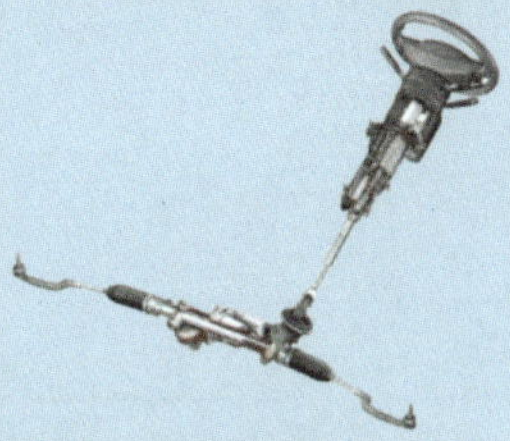		

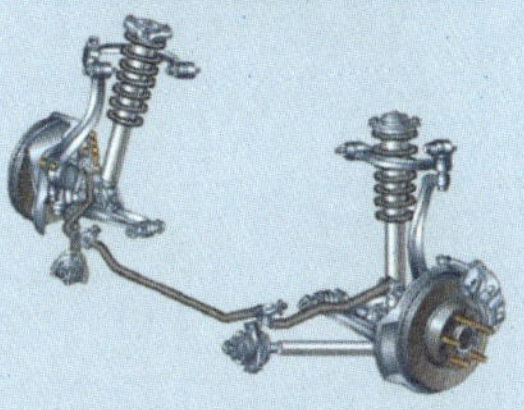		

续表

图片	名称	作用

七、课堂小结

____

____

____

情境四

汽车电器设备与车身附件认知

任务十　汽车电器设备认识

<table>
<tr><td colspan="2">汽车认识实训任务工单</td></tr>
<tr><td>任务描述</td><td>汽车 VIN 码 □　配气机构 □　曲柄连杆机构 □　进气、排气系统 □　冷却系统 □
润滑系统 □　燃油供给系统 □　点火系统 □　起动系统 □　传动系统 □
转向系统 □　行驶系统 □　制动系统 □　电器设备 □　车身附件 □
其他：</td></tr>
<tr><td>任务目标</td><td>● 能够在车辆上找到汽车各电器设备的安装位置，并说出其基本作用</td></tr>
<tr><td>任务内容</td><td>● 汽车双电源系统
● 汽车外部照明与内部照明
● 汽车内部用电器</td></tr>
<tr><td>任务重点</td><td>● 汽车双电源系统
● 汽车外部照明
● 汽车内部用电器</td></tr>
<tr><td>任务难点</td><td>● 汽车外部照明</td></tr>
</table>

一、知识讲解

（一）汽车双电源系统

汽车双电源系统主要由蓄电池、发电机、点火开关、熔断器等组成。

1. 蓄电池

汽车蓄电池的主要作用是在停车状态下给全车电器设备供电，保证用电设备正常运转；在发动机启动瞬间为起动机提供足够大的电流，保证汽车顺利启动。

目前，汽车上使用的蓄电池大都采用铅酸蓄电池，其又分为普通铅酸蓄电池和免维护蓄电池等类型，如图 10–1 所示。

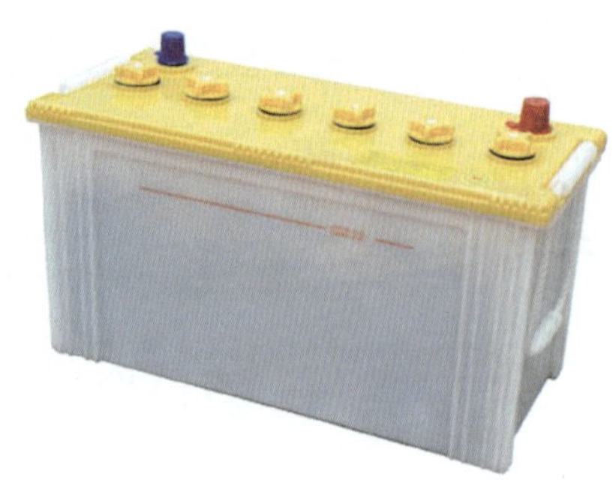

普通铅酸蓄电池

免维护蓄电池

图 10-1　蓄电池的分类

2. 发电机

发电机的作用是在发动机启动后，把磁场转化为电能，并给全车电器设备供电，同时为蓄电池充电。

按照结构不同，发电机可分为普通交流发电机、整体式交流发电机和无刷交流发电机等类型，如图 10-2 所示。

普通交流发电机

整体式交流发电机

无刷交流发电机

图 10-2　发电机的分类

（二）汽车外部照明

汽车外部照明主要由汽车前部灯光、汽车后部灯光和汽车侧面灯光组成。

1. 汽车前部灯光

汽车前部灯光包括远光灯、近光灯、转向灯、前雾灯、示宽灯、日间行车灯等，如图 10-3、图 10-4 所示。

图 10-3　汽车前部灯光

图 10-4 汽车前部灯光开启效果

2. 汽车后部灯光

汽车后部灯光包括倒车灯、制动灯、高位制动灯、转向灯、后雾灯、示宽灯和牌照灯等，如图 10-5 至图 10-8 所示。

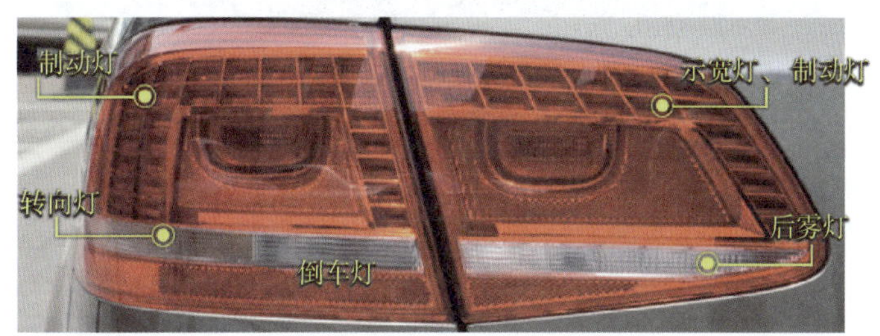

图 10-5 汽车后部灯光

图 10-6 后雾灯

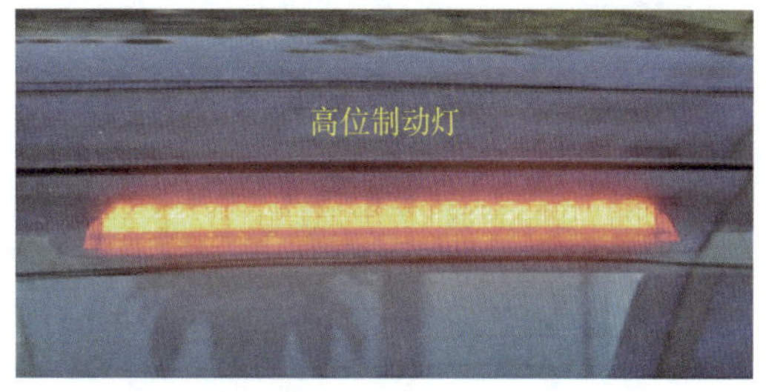

图 10-7 高位制动灯

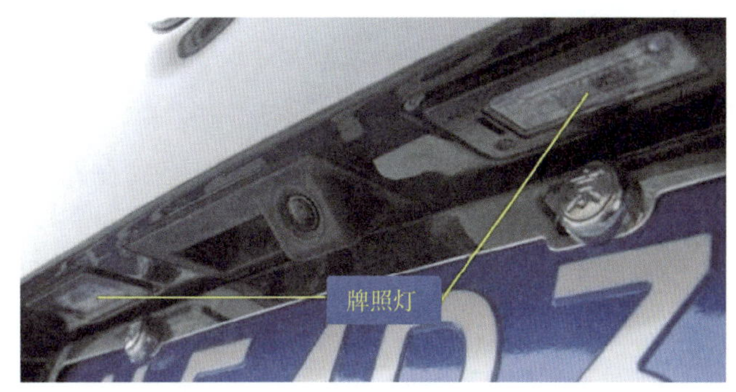

图 10-8 牌照灯

3. 汽车侧面灯光

汽车侧面灯光主要是指侧面转向灯，其主要作用是在汽车转弯、调头、变道或准备驶入主路时，向来往的车辆、行人提供警示作用，如图 10-9 所示。

图 10-9　侧面转向灯

4. 照明开启方式

汽车外部照明的开启方式如图 10-10、图 10-11 所示。

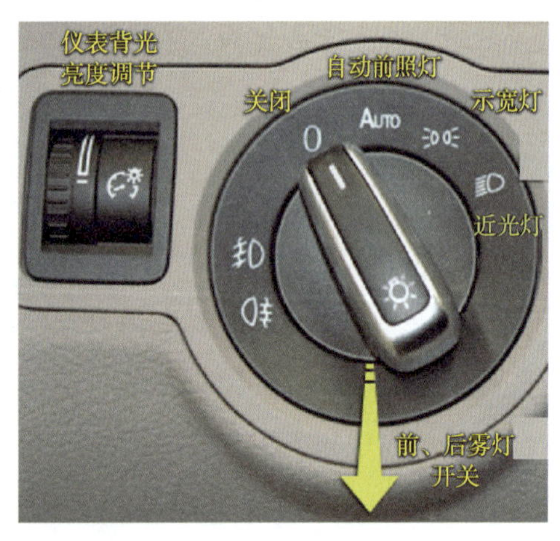

图 10-10　灯光组合开关

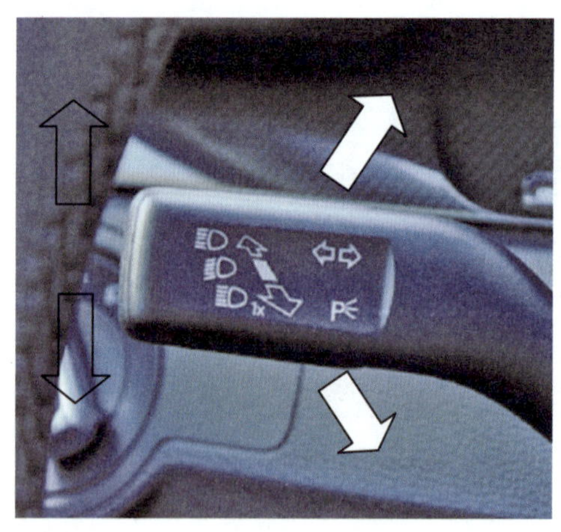

图 10-11　远光灯、转向灯控制开关

危险警告灯开关（见图 10-12）主要是控制两个转向灯同时闪烁。

危险警告灯的主要作用是当汽车出现故障或因其他原因停放在路边时，提示过往汽车注意躲避。

汽车外部照明开关上有很多标志，每个标志代表的含义如图 10-13 所示。

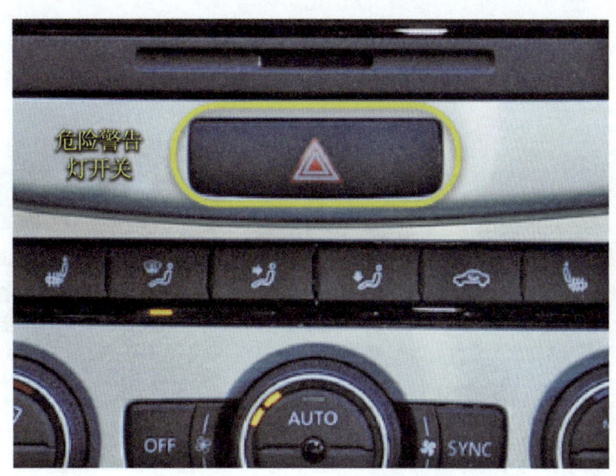

图 10-12 危险警告灯开关

	示宽灯/行车灯		雾灯（前雾灯）
	前照灯（近光）		雾灯（后雾灯）
	前照灯（远光）		转向灯

图 10-13 汽车外部照明开关标志的含义

（三）汽车内部照明

汽车内部照明主要包括阅读灯、门边灯、行李舱照明灯和化妆镜灯，以及开关、用电器及仪表照明灯等。

1. 阅读灯

阅读灯的主要作用是对驾驶室内进行照明。前排阅读灯位于前排座椅中间的车顶部位，后排阅读灯位于后排座椅车顶中央位置或两侧，如图 10–14、图 10–15 所示。

图 10-14 前排阅读灯

图 10-15 后排阅读灯

2. 门边灯、行李舱照明灯和化妆镜灯

门边灯位于车门下端边缘位置，主要用于打开车门时提示过往车辆或行人注意车门位置，如图 10–16 所示。

行李舱照明灯主要用于照亮行李舱，方便取放东西，如图 10–17 所示。

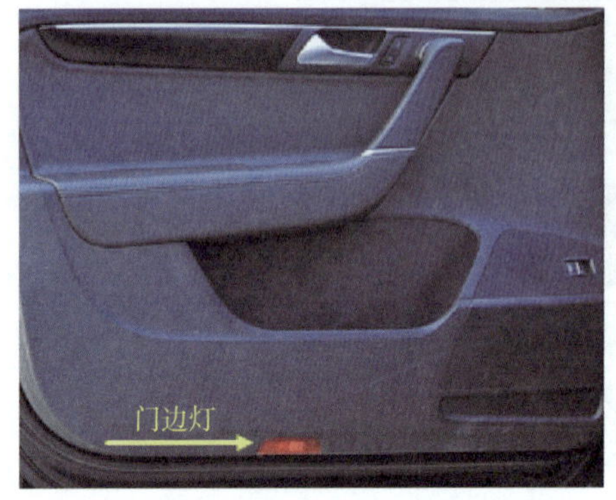

图 10–16　门边灯

图 10–17　行李舱照明灯

化妆镜灯主要用于照亮遮阳板上的镜子，方便驾驶员和乘员整理仪容仪表，如图 10–18 所示。

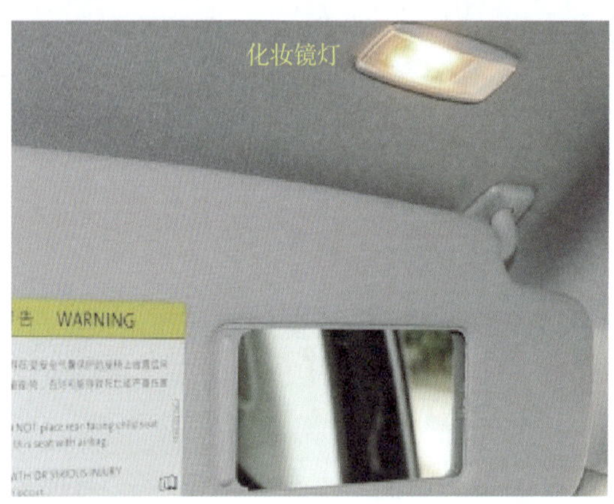

图 10–18　化妆镜灯

3. 开关、用电器及仪表照明灯

开关、用电器及仪表照明灯的主要作用是照亮仪表板上所有用电器及开关按钮，方便驾驶员在夜间操作时可以对这些按钮及用电器准确定位，如图 10–19、图 10–20 所示。

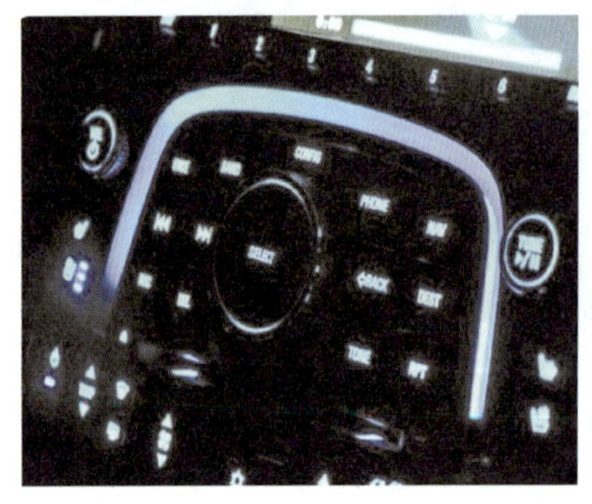

图 10–19　用电器、开关照明

图 10–20　仪表照明

其中，仪表盘上各种指示灯的名称如图 10–21 所示。

图 10-21 仪表盘上各种指示灯的名称

（四）汽车内部用电器

1. 汽车空调

汽车空调的主要功用是调节车内空气的温度和湿度，通风并净化驾驶室内的空气。在驾驶室内，空调由出风口和空调控制面板两部分组成，如图 10-22 所示。

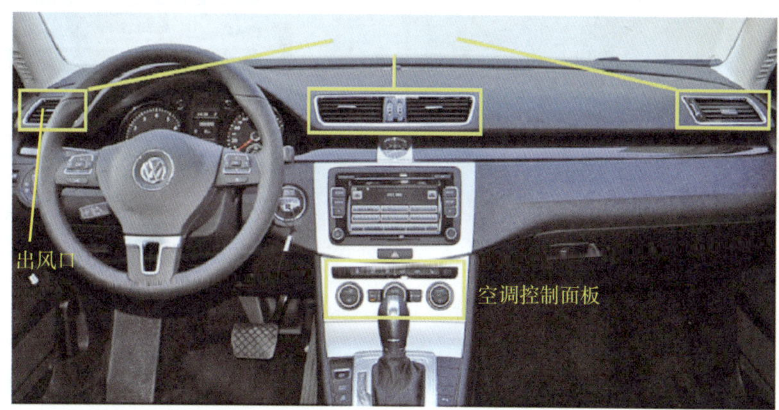

图 10-22 汽车空调

汽车空调按控制方式不同可分为手动空调和自动空调两种。手动空调与自动空调的控制面板大不相同，如图 10-23、图 10-24 所示。

图 10-23 手动空调控制面板

图 10-24　自动空调控制面板

2. 收放机

收放机作为汽车车载娱乐设施的一种，它的主要功用是收听电台信息，了解路况和其他资讯；播放存储媒介中的音乐，缓解工作和旅行疲劳。

现代轿车的收放机多种多样，常见的有 CD 式和 CD 影音系统等，如图 10–25 所示。

CD 式收放机

CD 影音系统

图 10-25　汽车收放机的分类

3. 安全气囊

安全气囊的主要作用是与安全带配合，最大限度地减少驾驶员及乘员在汽车受到撞击后所遭受到的伤害。

另外，根据车型及汽车配置不同，汽车上安全气囊的安装数量也不同。一般轿车至少安装 1 ~ 2 个安全气囊。对于较高配置的豪华轿车来说，为了提高轿车的安全性能，一般都装有多个气囊，其安装位置及打开状态如图 10–26 至图 10–30 所示。

图 10-26　安装在转向盘位置

图 10-27　安装在杂物箱上部

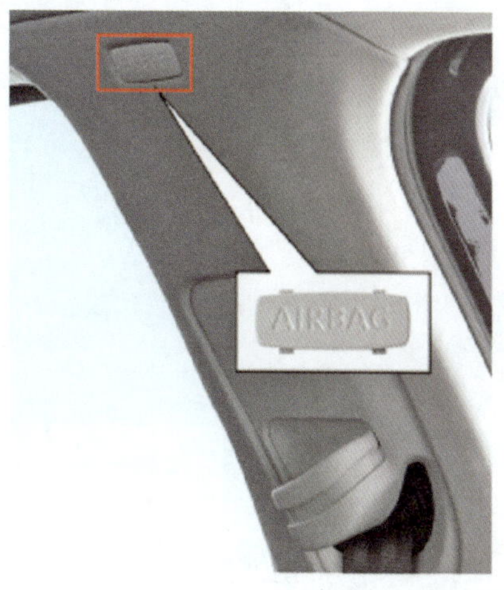

图 10-28 安装在车辆 B 柱

图 10-29 安装在座椅靠近车门侧

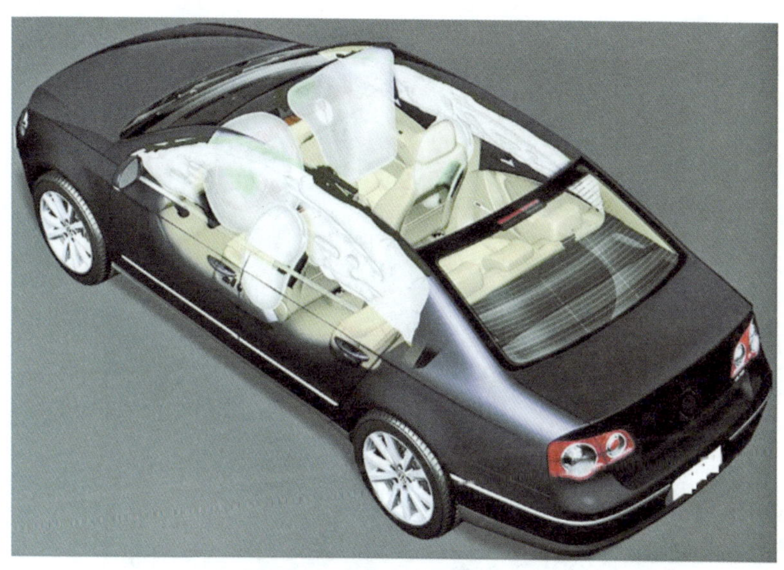

图 10-30 安全气囊的打开状态

4. 多功能转向盘

多功能转向盘就是在转向盘上设置一些功能键，包括影音控制、多功能菜单控制、蓝牙电话等，如图 10-31 所示。

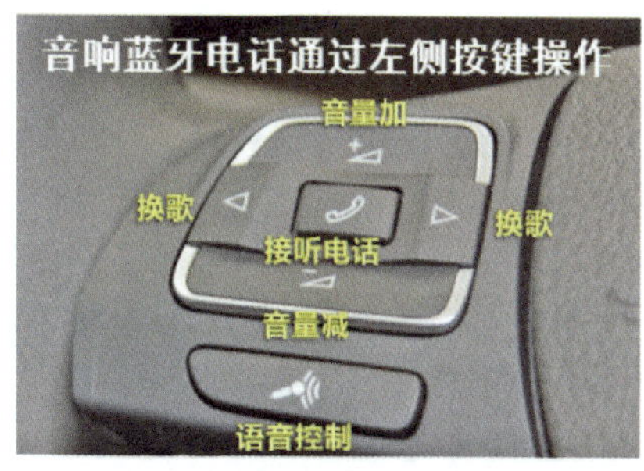

图 10-31 轿车多功能转向盘

5. 刮水器

汽车刮水器的主要作用是除去风窗玻璃上的水、雪以及沙尘等影响视线的物质，保证驾驶员具有良好的驾驶视线，如图 10–32 所示。

刮水器主要由驾驶室内的刮水控制器（见图 10–33）和汽车外部的刮水装置组成。

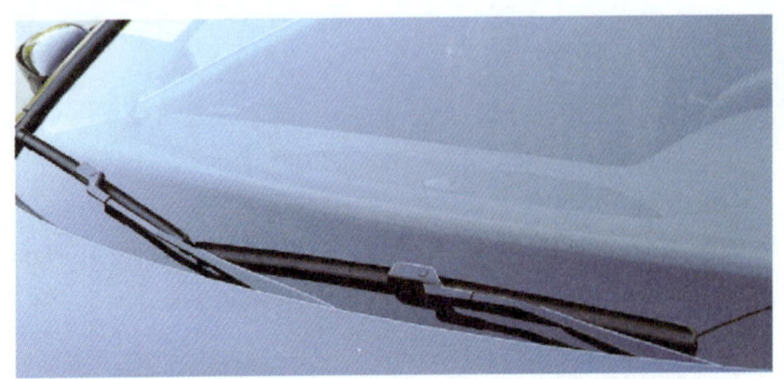

图 10–32　汽车刮水器

图 10–33　刮水控制器

6. 电动座椅

电动座椅是指驾驶员及乘员只需扳动或按动某些控制按钮，便可以实现电动驱动座椅前后位置、上下高度、靠背角度和腰部支撑等调节的功能，如图 10–34 所示。

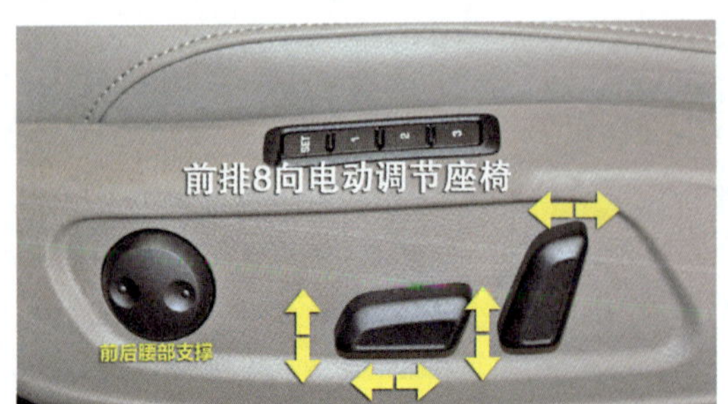

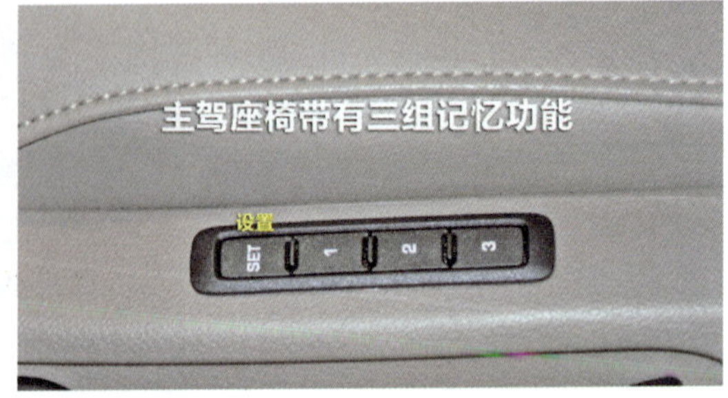

图 10–34　电动座椅调节功能

二、任务准备

在下列图片中勾选出完成本任务所需的工具、设备等。

发电机	蓄电池	工作台	手电筒
备件车	工具车	工具套件	实训整车
带磁力表座的百分表	抹布	举升机	防护用品

三、防护措施

1. 进入车间应穿工鞋、戴工帽；工作服应整洁、无破损；操作时不可佩戴手表等金属饰品，以防划伤车辆表面。

2. 使用举升机举升车辆时应严格按照举升机使用方法进行操作，并通知其他人员远离举升设备。

3. 在搬运重物及尖锐器物时，应注意动作和姿势，防止扭伤腰部、砸伤脚部、划手部等。

4. 操作过程中应做到油品、工具、配件三不落地，作业完毕后应及时清理车间工作场地，做到现场 6S 管理规范。

四、任务分配（见表 10-1）

表 10-1　任务分配表

职务	代码	姓名	工作内容
组长	A		监督、管理组员工作
组员	B		准备实训所需资料
	C		
	D		准备实训所需工具、设备
	E		

五、任务实施

完成表 10-2 至表 10-5 中空白项目的填写。

表 10-2　汽车双电源系统的认识

图片	名称	分类	是否找到	安装位置
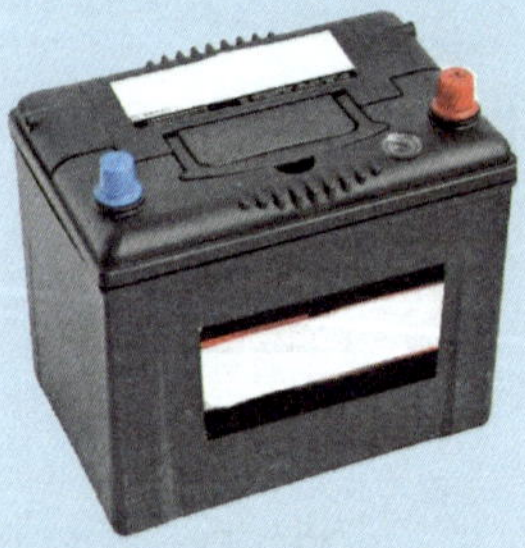		普通铅酸蓄电池 □ 免维护蓄电池 □	是 □　否 □	
		普通交流发电机 □ 整体式交流发电机 □ 无刷交流发电机 □	是 □　否 □	 交流发电机

表 10-3 汽车外部照明及信号灯的认识

图片	名称	是否找到	安装位置
		是□ 否□	汽车前部
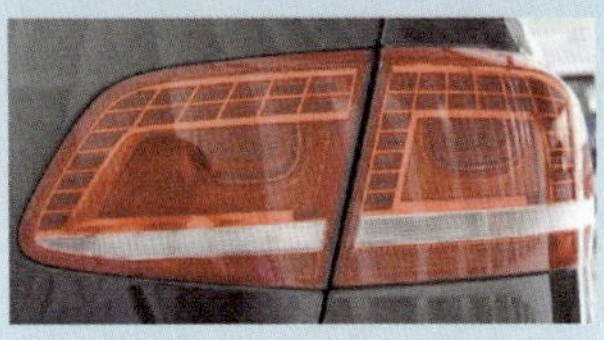	制动灯	是□ 否□	
		是□ 否□	汽车侧面
		是□ 否□	

表 10-4 汽车内部照明的认识

图片	名称	是否找到
		是□ 否□
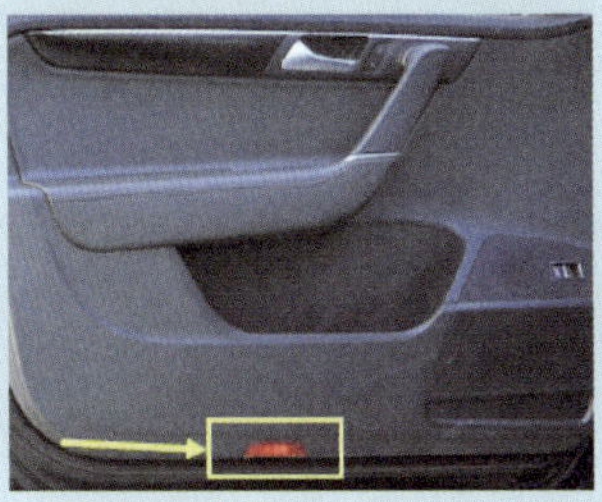		是□ 否□

续表

图片	名称	是否找到
		是□ 否□
		是□ 否□
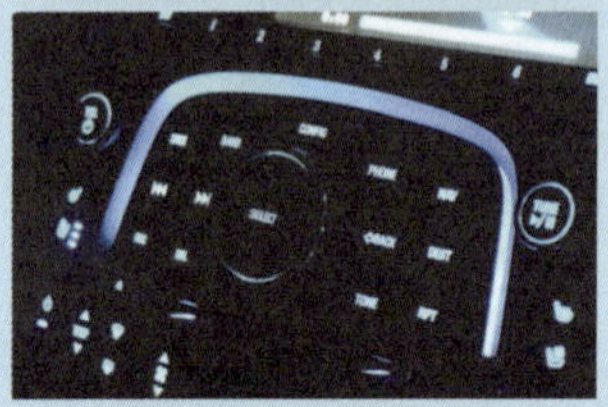		是□ 否□
		是□ 否□

表 10-5 汽车内部用电器的认识

图片	名称	是否找到
		是□ 否□
		是□ 否□
		是□ 否□

续表

图片	名称	是否找到
		是□ 否□
		是□ 否□

六、检查

结合任务实施结果，在表 10-6 中填写相应元件的名称和作用。

表 10-6 检查

图片	名称	作用

续表

图片	名称	作用
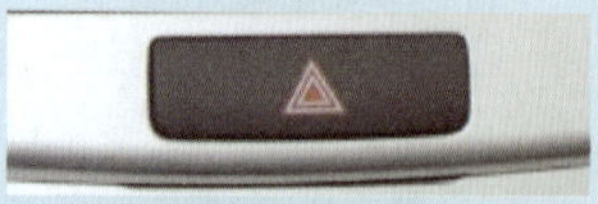		
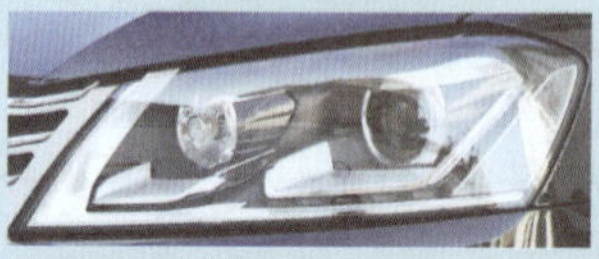		
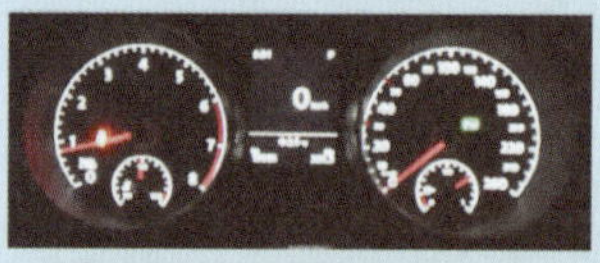		
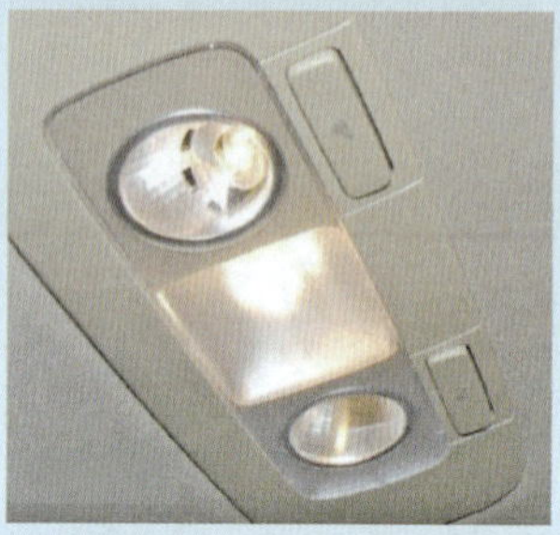		
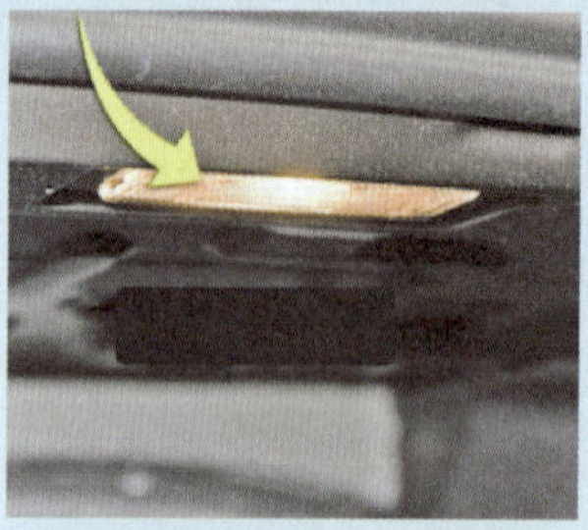		
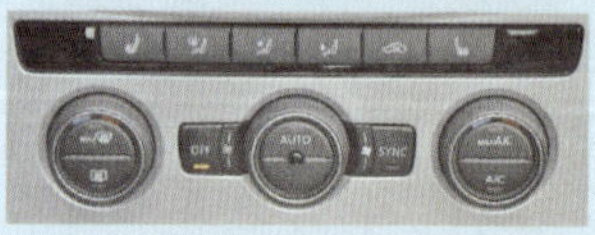		
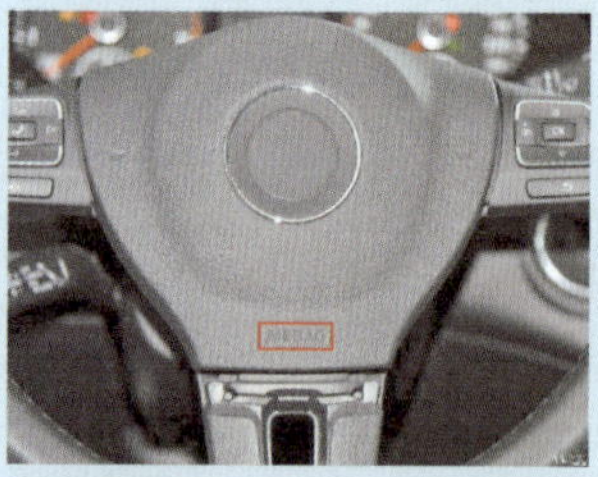		
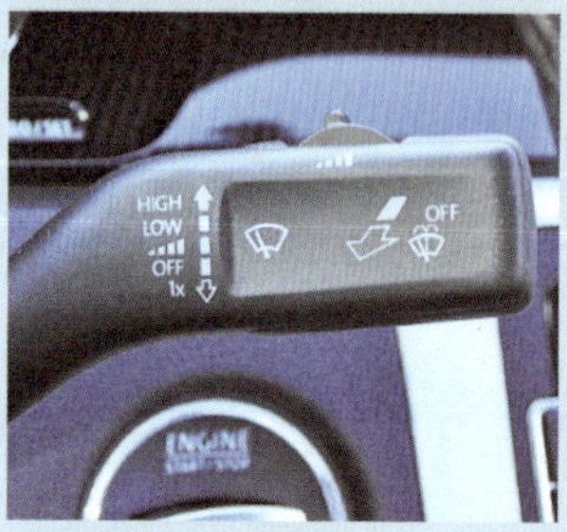		

七、课堂小结

____

____

____

任务十一 车身附件认识

<table>
<tr><td colspan="6">汽车认识实训任务工单</td></tr>
<tr><td rowspan="4">任务描述</td><td>汽车 VIN 码 □</td><td>配气机构 □</td><td>曲柄连杆机构 □</td><td>进气、排气系统 □</td><td>冷却系统 □</td></tr>
<tr><td>润滑系统 □</td><td>燃油供给系统 □</td><td>点火系统 □</td><td>起动系统 □</td><td>传动系统 □</td></tr>
<tr><td>转向系统 □</td><td>行驶系统 □</td><td>制动系统 □</td><td>电器设备 □</td><td>车身附件 □</td></tr>
<tr><td colspan="5">其他：</td></tr>
<tr><td>任务目标</td><td colspan="5">● 能够说出车身外部附件的名称、位置与功用
● 能够说出车身内部附件的名称、位置与功用</td></tr>
<tr><td>任务内容</td><td colspan="5">● 车身外部附件的名称、位置与功用
● 车身内部附件的名称、位置与功用</td></tr>
<tr><td>任务重点</td><td colspan="5">● 车身外部附件的名称
● 车身内部附件的名称</td></tr>
<tr><td>任务难点</td><td colspan="5">● 车身外部附件的名称
● 车身内部附件的名称</td></tr>
</table>

一、知识讲解

车身附件主要分为车身外部附件和车身内部附件。

（一）车身外部附件

车身外部附件由车身覆盖件和功能附件组成，主要包括汽车玻璃、外后视镜、车身外部装饰、保险杠、翼子板、A 柱、B 柱、C 柱、侧门框架、发动机舱盖、行李舱、车顶盖、车门、轮罩、外开手柄、散热器面罩等。

1. 车身覆盖件

汽车玻璃可分为前风窗玻璃、后窗玻璃、前侧窗玻璃、后侧窗玻璃和天窗玻璃等，如图 11-1 所示。

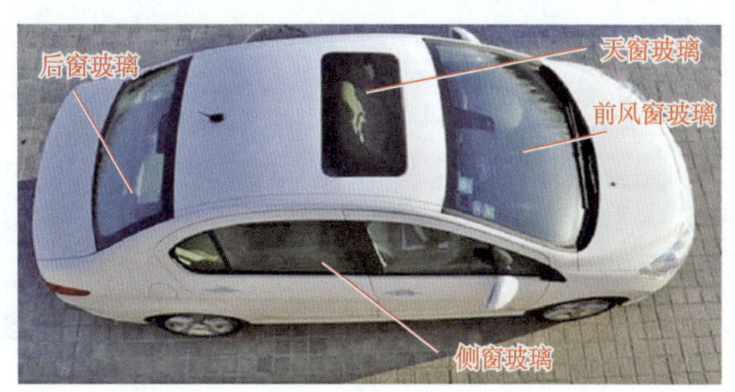

图 11-1 汽车玻璃

车身外部装饰主要是指装饰条、车轮装饰罩、标志、浮雕式文字等，如图 11-2 所示。

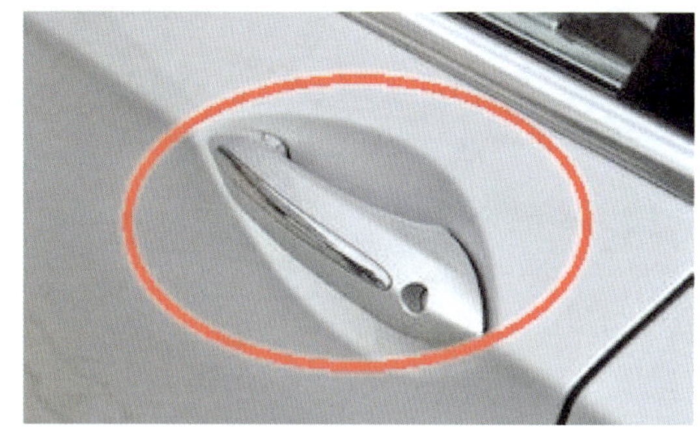

图 11-2 车身外部装饰

汽车前后端都装有保险杠，不仅有装饰功能，更重要的是可以吸收和缓冲外界冲击力，保护车身及乘员的安全，如图 11-3 所示。

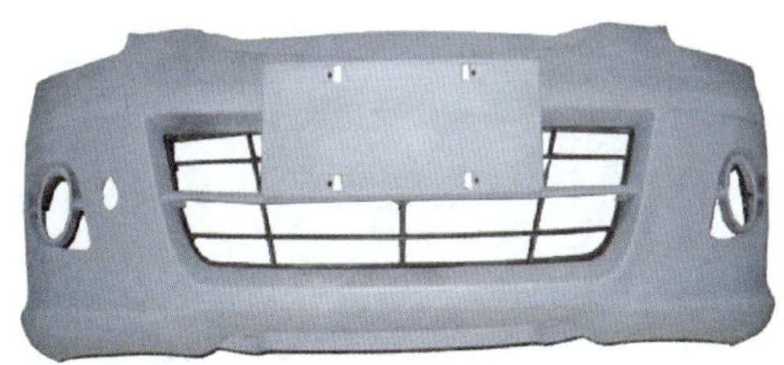

图 11-3 汽车保险杠

翼子板位于车身两侧，是遮盖车轮的车身外板，如图 11-4 所示。

车身 A 柱、B 柱、C 柱承担着连接汽车车体和车顶的责任。对于安全性良好的汽车，在发生碰撞时，要求 A 柱不能发生变形，否则车身安全性会大大降低。B 柱与安全带连接，要保证在发生事故时能顺利打开前排车门逃生。同理，C 柱要保证汽车后门能被顺利开启。车身 A 柱、B 柱、C 柱如图 11-5 所示。

侧门框架用来支撑和连接车门，如图 11-6 所示。

发动机舱盖一是用来保护发动机，防水、防晒；二是满足空气动力学要求，减少空气阻力；三是缓冲和吸收汽车碰撞力，如图 11-7 所示。

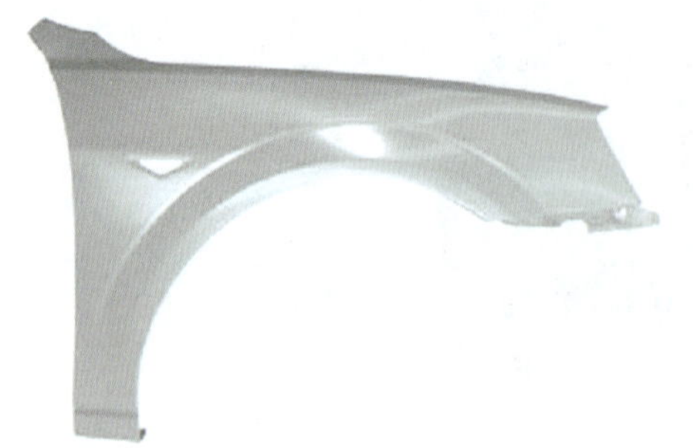

图 11-4　翼子板

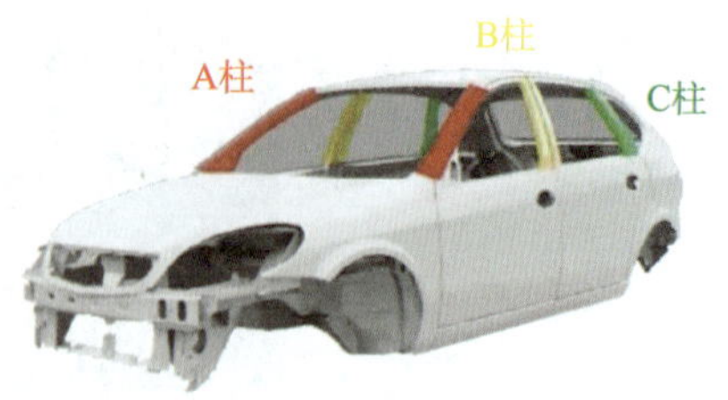

图 11-5　车身 A 柱、B 柱、C 柱

图 11-6　侧门框架

图 11-7　发动机舱盖

行李舱主要用于存放物品，同时满足空气动力学要求，并能缓冲和吸收汽车碰撞力，如图 11-8a 所示。

车门分为前车门和后车门，用于保护驾驶员及乘员的安全，提供进出车辆的通道和隔绝车外干扰，如图 11-8b 所示。

散热器面罩用于装饰汽车，并留出空隙使自然风能顺畅地进入发动机散热，如图 11-8c 所示。

a）行李舱

b）车门

c）散热器面罩

图 11-8　部分车身外部附件

2. 功能附件

车身外部功能附件主要有倒车雷达、倒车影像、汽车天线、外后视镜、外开手柄等。

倒车雷达是汽车驻车或倒车时的安全辅助装置，能以声音或者更为直观的方式告知驾驶员周围障碍物的情况，为驾驶员驻车、倒车和启动车辆时探视前后左右道路情况提供了便利，如图 11-9 所示。

倒车影像（见图 11-10）是通过仪表板或内后视镜式显示器接通车后的车载摄像头（见图 11-11），

将车辆后方信息清晰地显示出来，避免倒车盲区。

汽车天线（见图 11–12）是接收发射台发射的高频电波并传输给汽车收音机、车载电话或无线电导航设备的接收器，以及对载波解调的装置。

图 11–9 倒车雷达

图 11–10 倒车影像

图 11–11 车载摄像头

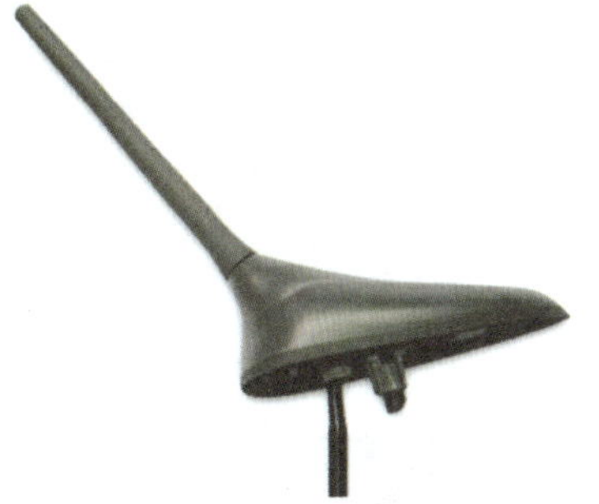

图 11–12 汽车天线

外后视镜（见图 11–13）又叫倒车镜，能够反映汽车左侧、右侧和车辆后方的情况，使驾驶员可以间接看清楚车后物体所在位置，扩大驾驶员的视野范围。

外开手柄（俗称门把手）（见图 11–14）是指从车的外部开启车门的把手，能够打开和关闭车门。

图 11-13 外后视镜

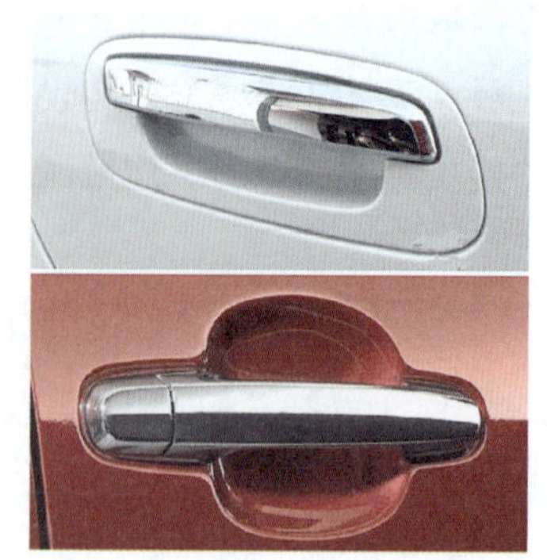

图 11-14 外开手柄

（二）车身内部附件

车身内部附件包括内后视镜、安全带、副驾驶储物盒、遮阳板、点烟器、烟灰盒、扶手箱、仪表板、功能按键、喇叭按钮、座椅、刮水器组合开关、迎宾踏板、空调组合开关、风窗玻璃组合开关等，部分车身内部附件如图 11-15 所示。

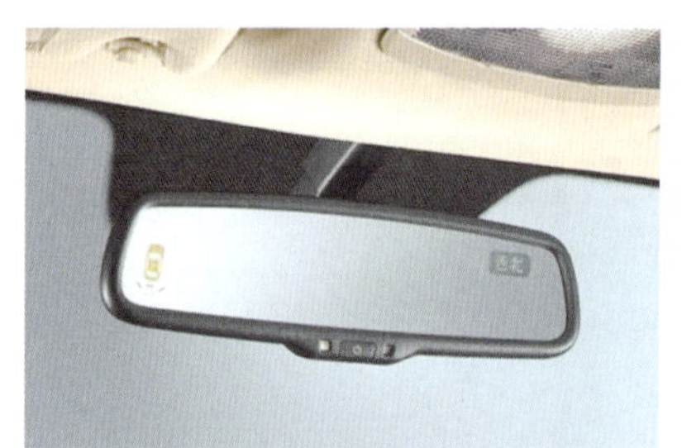
内后视镜

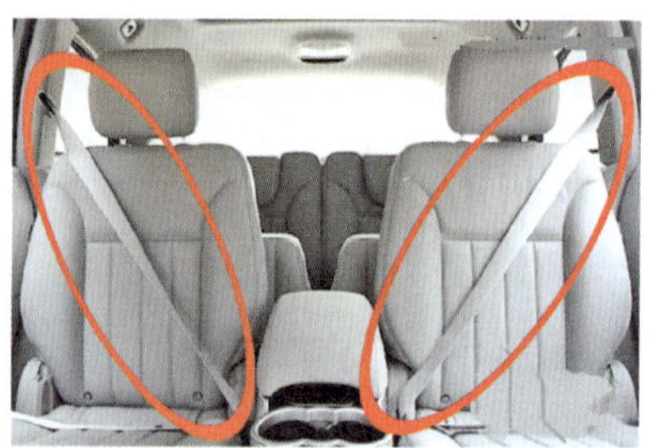
安全带

遮阳板

点烟器

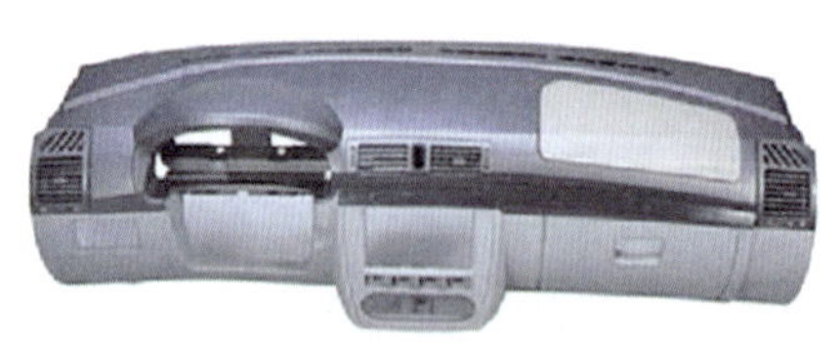
仪表板

功能按键

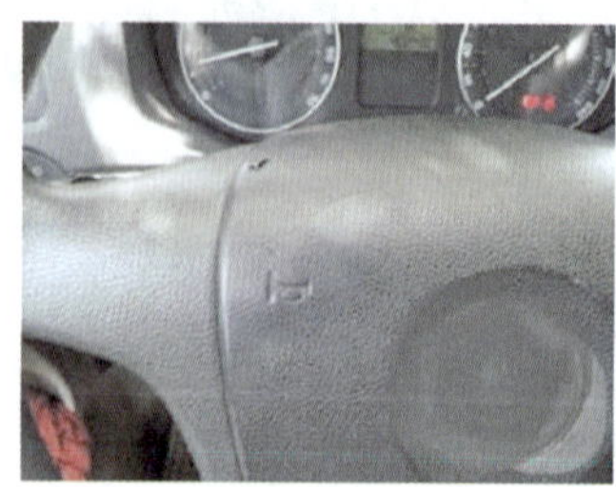
喇叭按钮

图 11-15 部分车身内部附件

内后视镜位于汽车风窗玻璃中上方，为驾驶员提供车辆后方视野。

安全带位于汽车座椅上，与车身 B 柱相连，能够保护乘员或驾驶员在车身受到猛烈撞击或安全气囊弹出时免受伤害。

遮阳板是安装在汽车风窗上方、为遮挡射入驾驶员眼睛的炫光而设置的平板状部件的总称。使用时可将其翻下来，不用时可将其翻上去。

点烟器是客舱内供乘员点烟的装置。

烟灰盒是客舱内盛放烟灰的盒子，位于中央扶手箱下边，是由高温阻燃材料制成的。

扶手箱是安装在两个座椅中间的汽车配件，属于汽车内饰系统。其设计初衷是为了使汽车驾驶员在长时间驾驶时能够放置胳膊，从而使胳膊得到有效的休息，不至于酸麻、僵硬。

仪表板又名仪表盘或仪表总成，广泛应用于所有车辆和工程机械的驾驶室，主要由仪表、仪表板壳体、仪表板骨架和仪表板线束等组成。

功能按键是用来控制车辆某种功能的开关或按钮，例如，ESP 按钮就是用来控制 ESP 系统（车身电子稳定系统）的开关。

喇叭按钮用于鸣笛警示其他车辆或行人，一般安装在转向盘或车身组合开关上。

汽车座椅分为普通座椅和智能调控座椅。智能调控座椅由伺服电动机驱动，方便驾驶员和乘员调整座椅高度和幅度。

二、任务准备

在下列图片中勾选出完成本任务所需的工具、设备、资料等。

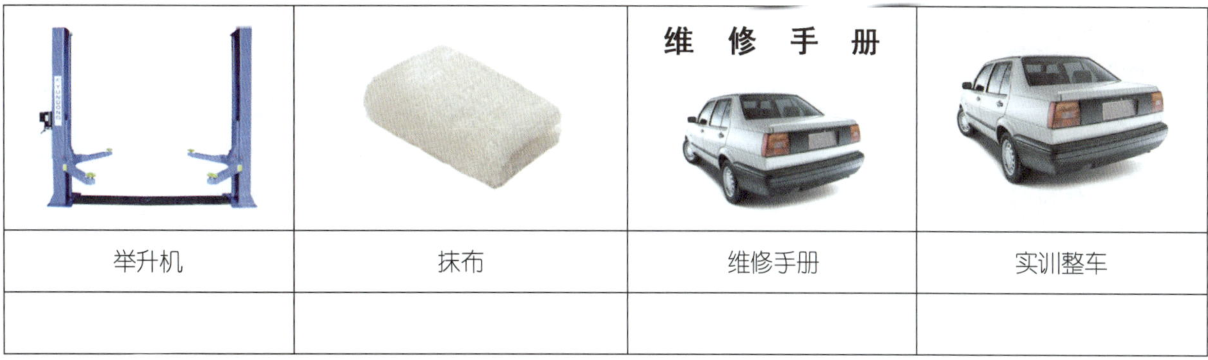

举升机	抹布	维修手册	实训整车

三、防护措施

1. 进入车间应穿工鞋、戴工帽；工作服应整洁、无破损；操作时不可佩戴手表等金属饰品，以防划伤车辆表面。

2. 使用举升机举升车辆时应严格按照举升机使用方法进行操作，并通知其他人员远离举升设备。

3. 作业结束后应关闭一切电源。

四、任务分配（见表 11-1）

表 11-1　任务分配表

职务	代码	姓名	工作内容
组长	A		监督、管理组员工作
组员	B		准备实训所需资料
	C		
	D		准备实训所需工具、设备
	E		

五、任务实施

完成表 11-2 至表 11-4 中空白项目的填写。

表 11-2　车身外部附件的认识

图片	名称	是否找到	作用
		是 □　否 □	具有装饰功能，能吸收和缓冲外界冲击力，保护车身及乘员的安全
		是 □　否 □	用来支撑和连接车门
		是 □　否 □	用来保护发动机防水、防晒，满足空气动力学要求，并能缓冲和吸收汽车碰撞力
		是 □　否 □	用于存放物品，满足空气动力学要求，并能缓冲和吸收汽车碰撞力
		是 □　否 □	组成汽车的内部箱形空间

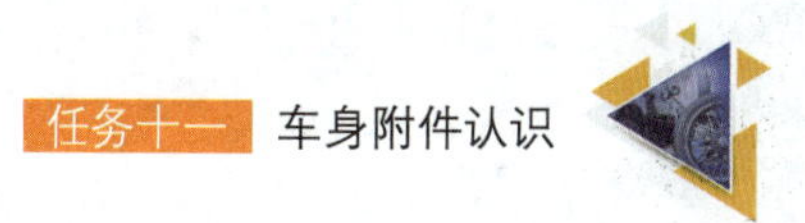

续表

图片	名称	是否找到	作用
		是□ 否□	用于保护驾驶员及乘员的安全，提供进出车辆的通道和隔绝车外干扰
		是□ 否□	用于装饰汽车，并留出空隙使自然风能顺畅地进入发动机
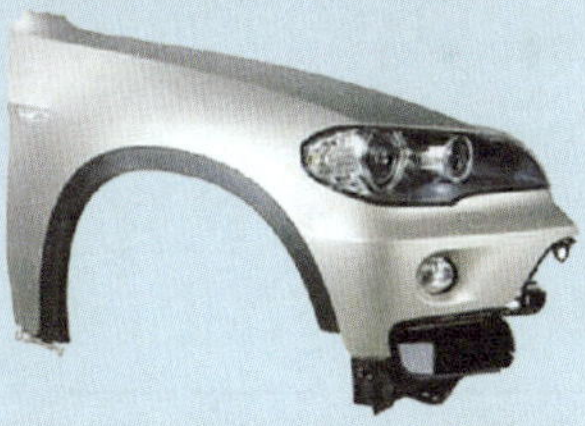		是□ 否□	位于车身两侧，用于遮盖车轮的车身外板

表 11-3　车身外部功能附件的认识

图片	名称	是否找到	作用
		是□ 否□	辅助驾驶员倒车，为驾驶员探视前后左右道路情况提供便利
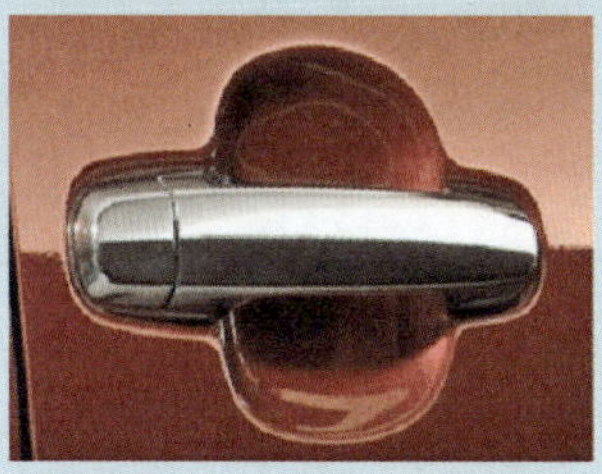		是□ 否□	能够打开和关闭车门
		是□ 否□	接收发射台发射的高频电波并传输给汽车收音机、车载电话或无线电导航设备的接收器
		是□ 否□	反映汽车左侧、右侧和车辆后方的情况，使驾驶员可以间接看清楚车后物体所在位置的情况，扩大驾驶员的视野范围

续表

图片	名称	是否找到	作用
		是□　否□	辅助驾驶员倒车，并以影像和声音的形式将车辆后方信息展现给驾驶员

表 11-4　车身内部附件的认识

图片	名称	是否找到	作用
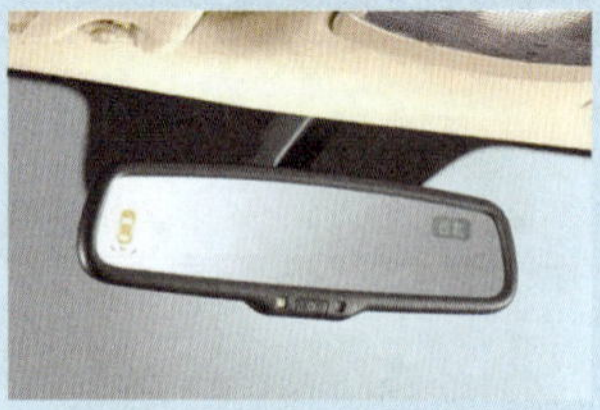		是□　否□	为驾驶员提供车辆后方视野
		是□　否□	保护乘员或驾驶员在车身受到猛烈撞击或安全气囊弹出时免受伤害
		是□　否□	车内存放杂物的地方
		是□　否□	为遮挡射入驾驶员眼睛的炫光而设置的平板状部件的总称
		是□　否□	盛放烟灰的盒子

续表

图片	名称	是否找到	作用
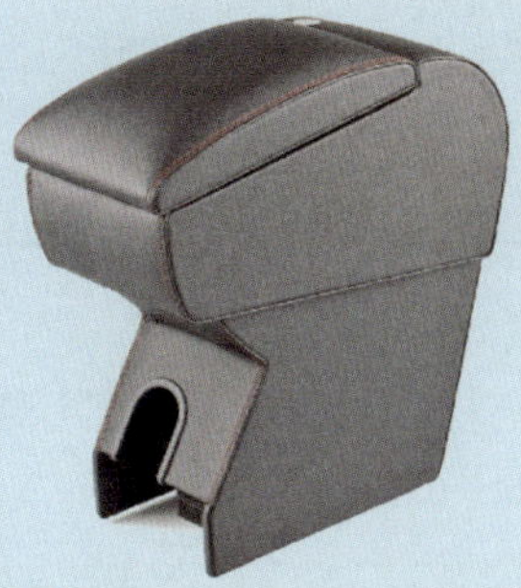		是□ 否□	使驾驶员胳膊得到有效的休息
		是□ 否□	用于安装指示器和操纵件的部件
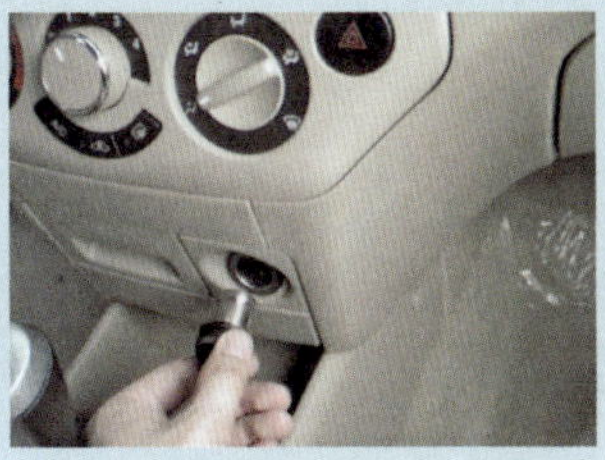		是□ 否□	供乘员点烟的装置
		是□ 否□	用于鸣笛警示其他车辆或行人
		是□ 否□	客舱内供乘员乘坐的装置

六、检查

结合任务实施结果，在表 11-5 中填写相应附件的名称，并勾选是否找到该附件。

表 11-5　检查

图片	名称	是否找到	作用
		是□　否□	具有装饰功能，能吸收和缓和外界冲击力，保护车身及乘员安全
		是□　否□	辅助驾驶员倒车，为驾驶员探视前后左右道路情况提供便利
		是□　否□	用于安装指示器和操纵件的部件
		是□　否□	用于鸣笛警示其他车辆或行人
		是□　否□	客舱内供乘员乘坐的装置

七、课堂小结

____

____

____

任务十二　汽车电器设备、车身附件认识知识检验

<table>
<tr><td colspan="6">汽车认识实训任务工单</td></tr>
<tr><td rowspan="4">任务描述</td><td>汽车 VIN 码 □</td><td>配气机构 □</td><td>曲柄连杆机构 □</td><td>进气、排气系统 □</td><td>冷却系统 □</td></tr>
<tr><td>润滑系统 □</td><td>燃油供给系统 □</td><td>点火系统 □</td><td>起动系统 □</td><td>传动系统 □</td></tr>
<tr><td>转向系统 □</td><td>行驶系统 □</td><td>制动系统 □</td><td>电器设备 □</td><td>车身附件 □</td></tr>
<tr><td colspan="5">其他：</td></tr>
<tr><td>任务目标</td><td colspan="5">● 能够识别汽车电器设备、车身附件等</td></tr>
<tr><td>任务内容</td><td colspan="5">● 汽车电器设备的组成
● 汽车外部照明的组成
● 汽车内部照明的组成
● 汽车内部用电器及车身附件的组成</td></tr>
<tr><td>任务重点</td><td colspan="5">● 汽车电器设备的组成
● 汽车外部照明的组成</td></tr>
<tr><td>任务难点</td><td colspan="5">● 汽车外部照明的组成
● 汽车内部照明的组成</td></tr>
</table>

一、知识讲解

（一）汽车电器设备

汽车电器设备由双电源系统、汽车外部照明、汽车内部照明、汽车内部用电器等组成。

1. 汽车双电源系统

汽车双电源系统主要由蓄电池、发电机、点火开关、熔断器等组成，如图 12-1 所示。

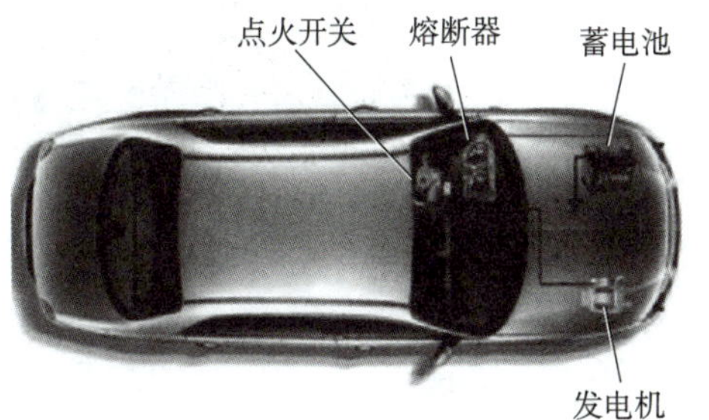

图 12-1　汽车双电源系统

2. 汽车外部照明

汽车外部照明主要包括汽车前部灯光、汽车后部灯光、

汽车侧面灯光，如图 12–2 所示。

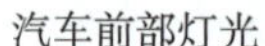

汽车前部灯光

汽车后部灯光

汽车侧面灯光

图 12–2　汽车外部照明

3. 汽车内部照明

汽车内部照明主要包括阅读灯、门边灯、行李舱照明灯和化妆镜灯，以及用电器开关及仪表照明灯等，如图 12–3 所示。

阅读灯

门边灯

行李舱照明灯

化妆镜灯

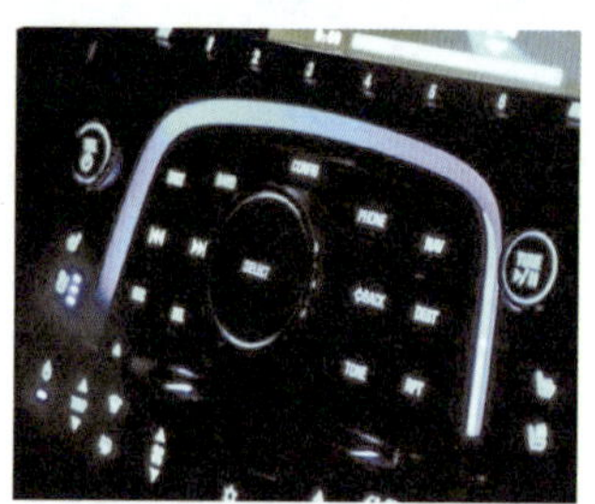

用电器开关照明灯

仪表照明灯

杂物箱照明灯

图 12–3　汽车内部照明

4. 汽车内部用电器

汽车内部用电器主要包括汽车空调、收放机、安全气囊、刮水器等。

（二）车身附件

车身附件包括车身外部附件和车身内部附件，如图 12-4 所示。

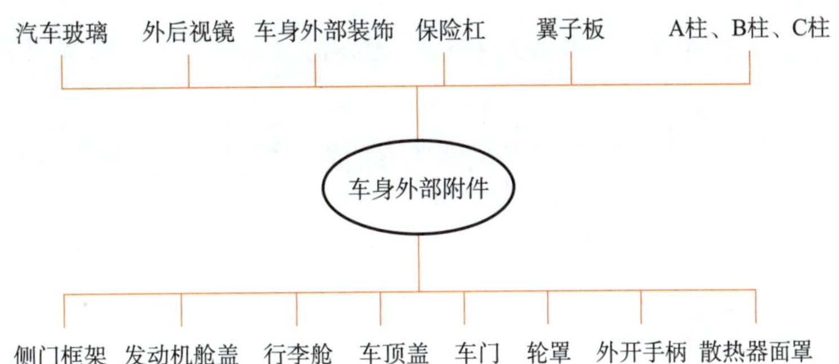

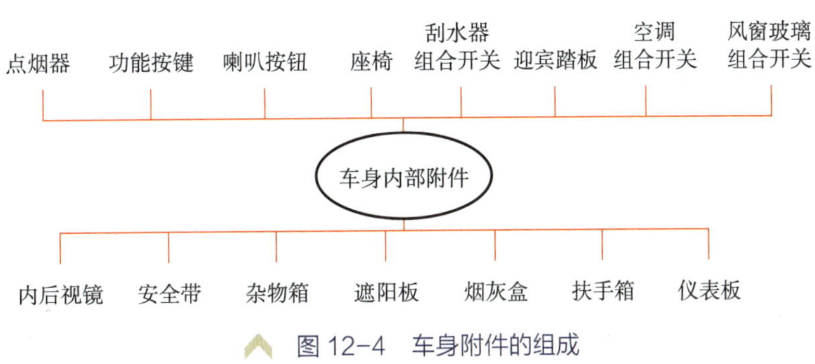

图 12-4　车身附件的组成

二、任务准备

在下列图片中勾选出完成本任务所需的工具、设备、资料等。

工作台	抹布	备件车	实训整车
举升机	发电机	维修手册	蓄电池

三、防护措施

1. 进入车间应穿工鞋、戴工帽；工作服应整洁、无破损；操作时不可佩戴手表等金属饰品，以防划伤车辆表面。

2. 使用举升机举升车辆时应严格按照举升机使用方法进行操作，并通知其他人员远离举升设备。

3. 作业结束后应关闭一切电源。

四、任务分配（见表 12-1）

表 12-1　任务分配表

<table>
<tr><th>职务</th><th>代码</th><th>姓名</th><th>工作内容</th></tr>
<tr><td>组长</td><td>A</td><td></td><td>监督、管理组员工作</td></tr>
<tr><td rowspan="4">组员</td><td>B</td><td></td><td rowspan="2">准备实训所需资料</td></tr>
<tr><td>C</td><td></td></tr>
<tr><td>D</td><td></td><td rowspan="2">准备实训所需工具、设备</td></tr>
<tr><td>E</td><td></td></tr>
</table>

五、任务实施

完成表 12-2 至表 12-6 中空白项目的填写。

表 12-2　汽车双电源系统的认识

图片	名称	作用	分类	位置
		在停车状态下给全车用电器供电，保证用电设备正常运转；在发动机启动瞬间为起动机提供足够大的电流，保证汽车顺利启动	普通铅酸蓄电池 □ 免维护蓄电池 □	
		在发动机启动后，把动能转化为电能，并给全车用电器供电，同时为蓄电池充电	普通交流发电机 □ 整体式交流发电机 □ 无刷交流发电机 □	

表 12-3 汽车外部照明的认识

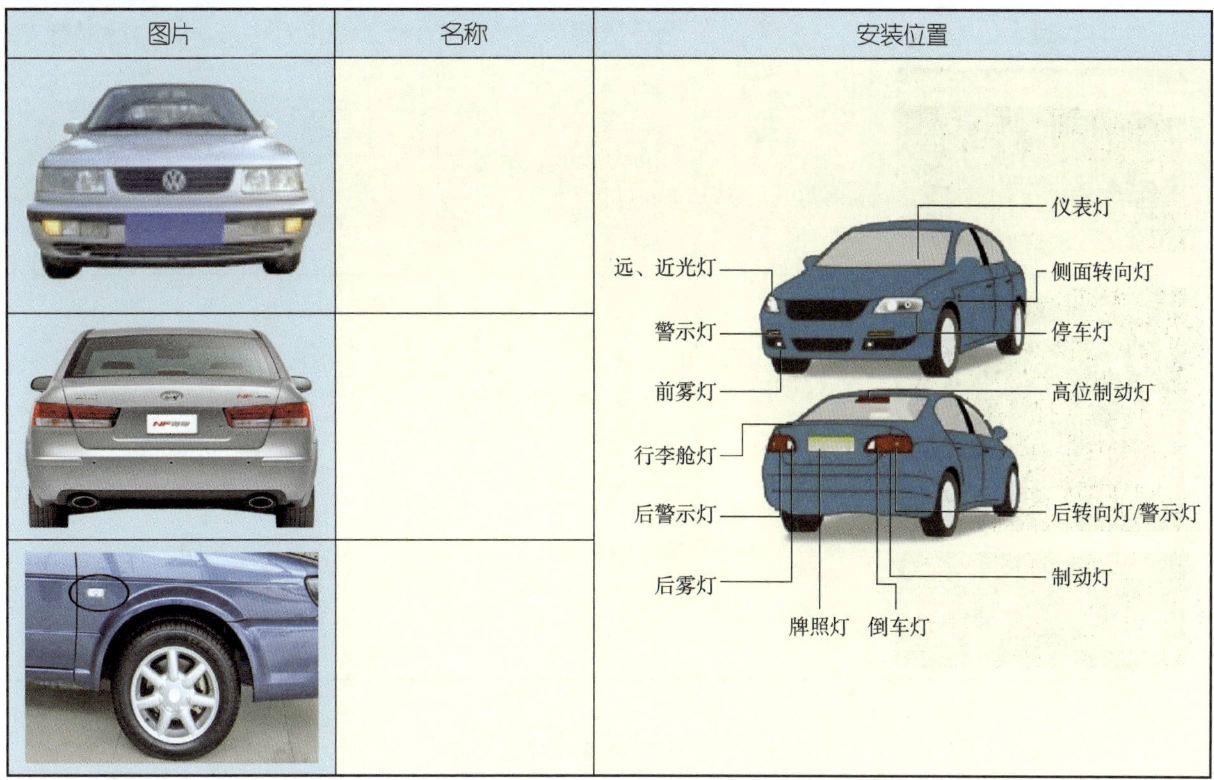

图片	名称	安装位置

表 12-4 汽车内部照明的认识

图片	名称	作用	位置	是否找到
		对驾驶室内进行照明	前排阅读灯位于前排座椅中间的车顶部位，后排阅读灯位于后排座椅车顶中央位置或两侧	是□ 否□
门边灯		用于在打开车门时提示过往车辆或行人注意车门位置	位于车门下端边缘位置	是□ 否□
		用于照亮行李舱内部		是□ 否□

续表

图片	名称	作用	位置	是否找到
		用于照亮车内杂物箱		是□ 否□
 		用于照亮仪表板上所有用电器及开关按钮，方便驾驶员在夜间操作时可以对这些按钮及用电器准确定位		是□ 否□

表 12-5 汽车内部用电器的认识

图片	名称	作用	位置	是否找到
		用于调节车内空气的温度和湿度，通风并净化驾驶室内的空气		是□ 否□
		用于收听电台信息，了解路况和其他资讯；播放存储媒介中的音乐，缓解工作和旅途疲劳		是□ 否□
		与安全带配合，最大限度地减少驾驶员及乘员在车辆受到撞击后所遭受到的伤害		是□ 否□
		在转向盘上设置的一些功能键，方便驾驶员操作		是□ 否□

续表

图片	名称	作用	位置	是否找到
		用于控制刮水器工作		是□ 否□

表 12-6 车身附件的认识

图片	名称	是否找到	作用
		是□ 否□	具有装饰功能，能吸收和缓和外界冲击力，保护车身及乘员的安全
		是□ 否□	用来支撑和连接车门
		是□ 否□	用来保护发动机防水、防晒，满足空气动力学要求，并能缓冲和吸收汽车碰撞力
		是□ 否□	用于存放物品，满足空气动力学要求，并能缓冲和吸收汽车碰撞力
		是□ 否□	组成汽车的内部箱形空间
		是□ 否□	用于保护驾驶员及乘员安全，提供进出车辆的通道和隔绝车外干扰

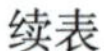
续表

图片	名称	是否找到	作用
		是☐ 否☐	用于装饰汽车，并留出空隙使自然风顺畅地进入发动机
		是☐ 否☐	位于车身两侧，用于遮盖车轮的车身外板
		是☐ 否☐	辅助驾驶员倒车，为驾驶员探视前后左右道路情况提供便利
		是☐ 否☐	辅助驾驶员倒车，并以影像和声音的形式展现给驾驶员
		是☐ 否☐	接收发射台发射的高频电波并传输给汽车收音机、车载电话或无线电导航设备的接收器
		是☐ 否☐	为驾驶员提供车辆后方视野
		是☐ 否☐	保护乘员或驾驶员在车身受到猛烈撞击或安全气囊弹出时免受伤害
		是☐ 否☐	车内存放杂物的地方

续表

图片	名称	是否找到	作用
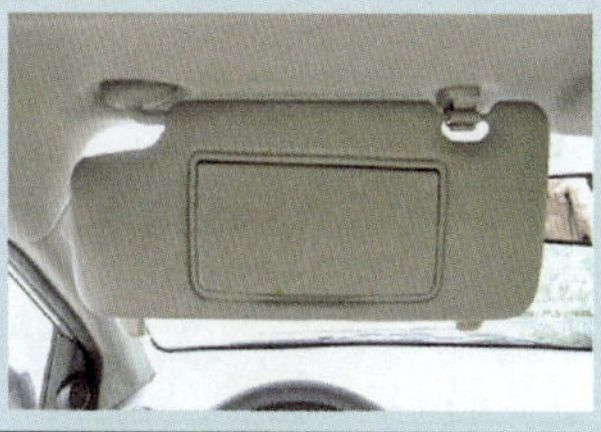		是□ 否□	为遮挡射入驾驶员眼睛的炫光而设置的平板状部件的总称
		是□ 否□	盛放烟灰的盒子
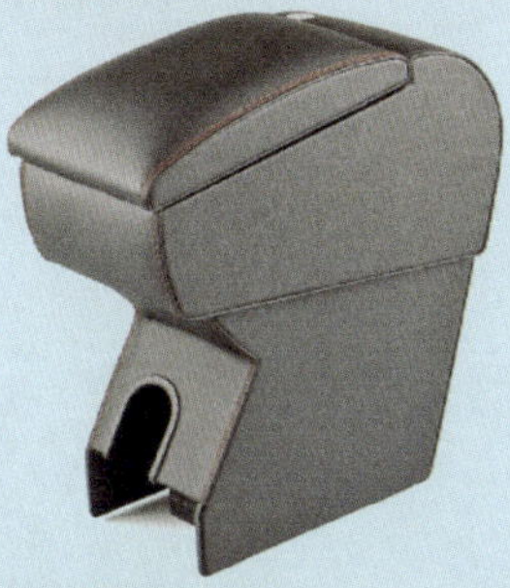		是□ 否□	使驾驶员胳膊得到有效的休息
		是□ 否□	用于安装指示器和操纵件的部件
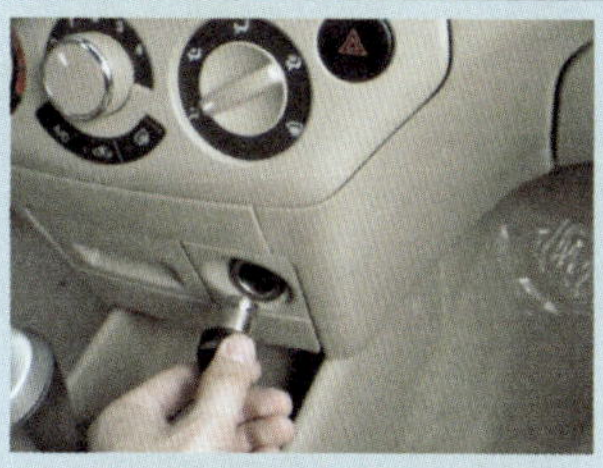		是□ 否□	供乘员点烟的装置
		是□ 否□	用于鸣笛警示其他车辆或行人
		是□ 否□	用于控制车身电子稳定系统（ESP）的开关

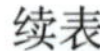

续表

图片	名称	是否找到	作用
		是□ 否□	客舱内供乘员乘坐的装置

六、检查

结合任务实施结果，在表 12-7 中填写相应元件的名称和作用。

表 12-7 检查

图片	名称	作用

续表

图片	名称	作用

七、课堂小结